KB071875

상담과
문학치료

김순녀 지음

도서출판
청어

상담과 문학치료

김순녀 지음

머리말

1977년. 저자가 서른한 살 때의 일인데, 고등학교 동창생이 찾아와서 물었다.

〈얘, 내 아들 승도가 아무래도 이상해서 묻겠는데, 그 애를 정신과로 데려가야 되냐? 아니면 신경과에 가봐야 되니?〉

그 물음에 저자는 고개만 갸웃거렸을 뿐이었다.

〈글쎄? 나도 모르겠네. 어느 과로 가야 하지?〉

그 후 이 년이 지난 어느 날, 저자는 기적적인 체험을 하게 되었다. 결혼 후부터 줄곧 저자는 많은 아픔의 고통 속에서 팔 년의 세월을 보냈고, 그 날도 아주 심한 아픔의 곤혹을 치르고 있었다. 그런데 밤에 교회집사가 찾아와서 자꾸만 말을 걸었다. 그때까지 저자는 고통의 이유를 몰랐었지만, 스스로 하소연을 하다 보니 그 이유를 알게 되면서 집사가 그 해답을 알려주자 곧 이상한 일이 벌어졌다. 그렇게도 아프던 그 엄청난 고통의 굴레가 한 마디의 말로 즉시 치유된 일이었다. 어째서 이런 일이 일어난 것이지? 너무나도 신기했으므로 그 이유를 찾기 위해 그날부터 여러 종류의 서적들을 뒤져나가기 시작하였다. 주로 심리학에 관한 책들이 많았고 그 외에 과학·생물학·화학에 관한 책들까지 모두 섭렵해나가면서 책들 속에 세상의 모든 비밀을 푸는 열쇠들이 들어있다는 것도 알게 되었다. 다만 사람들은 그런 책들을 활용하지 않을 뿐이었다.

세월은 흘러 금년에 저자는 75세를 막바지로 넘기는 시점에 있다. 이런 분기점에 서서 뒤를 돌아다보니 그 사이 저자는 1급상담사 자격증까지 따면서 상담의 정의를 다시 내려야 한다는 생각을 하게 되었는데, 상담이란 꼭 자격증이 있는 사람만이 할 수 있는 일은 아니라는 결론이었다. 한 아기를 둔 부모·여러 자손을 거느린 노년의 사람들 또는 친구가 친구에게·선생님이 제자에게·남에게 도움을 주고 싶어 하는 사람이라면 누구든지 상담사의 자격은 있다고 본다. 그러함에서 구슬이 서 말이라도 꿰지 않으면 보배가 될 수 없듯, 많은 자료가 있지만 그것들을 정리하지 않으면 소용없다는 전제 아래 용기의 자신감을 얻었다. 아마도 인생길에서 가장 중요한 덕목이란 용기일 것이고, 용기가 바로 자신감의 표현인 동시에 앞으로 나갈 수 있는 지름길이 된다. 그러나 용기란 절대로 저절로 생기는 것은 아니다. 영적이라 불리는 내면실력이 갖춰져야 생기는 법이라서, 저자는 그동안 터득한 여러 가지 지식을 모아 문학치료에 관한 사항으로 정리하여 출판하려 한다. 모쪼록 이 책을 읽는 독자들이 삶의 과정에서 타인들에게 많은 도움이 되었으면 하는 바람이다.

수지의 성복동 서실에서
저자 김순녀

목차

3. 문학치료법

1. 상담

1) 상담이란?

① 상담의 정의

ⓐ 상담의 핵심은, 가르치는 일이 아니다. 내담자의 마음에 오해된 부분의 상처를 이해로 바꿔서 치료해주는 일이다.

ⓑ 따라서 관계유지가 가장 필요하다. 특히 자살자들의 경우에는 자기를 위한 단 한 사람이 없어서 자살의 길을 택한다.

ⓒ 상담을 원해 찾아온 내담자의 마음에는 〈나를 좀 살려 주세요.〉라는 애원의 뜻이 담겨져 있다. 지푸라기라도 잡아보고 싶은 심정이기 때문에 상담자의 자격요건은 내담자를 잘 보살펴 주는 일이다.

② **상담목표**

상담의 목표는 내담자의 의식전환에 있기 때문에 답을 주면 안 되고, 상담자 자신의 이야기를 해도 안 된다. 오로지 내담자 마음에 들어있는 가능성만 찾아내도록 도와줘야 한다. 그러려면 내담자의 불합리한 사고를 면밀히 분석하는 실력과 진단의 결과로 처방해주는 일이 매우 중요하다. 지금까지 잘못 살아온 부정적인 삶의 태도를 긍정의 패턴으로 바꿔주면서 적절한 대안을 제공해 줌으로써 삶의 변화를 일으켜주면 된다.

③ **상담시간과 회기책정**

내담자가 자기문제에 집중하기 위해서 가장 적당한 시간은 50분이고, 전화상담은 30분이 좋다. 1회기의 시간은 45분에서 50분 사이에 끝내야 하며 이때 시간엄수는 필수사항이다. 상담 회기는 일주일에 4~5회 정도가 가장 적당하고, 1회기에서 3회기까지는 라포의 형성기로 이때 아주 친해져야 한다. 친해야 믿음도 생겨나면서 호소문제가 드러나게 되는데, 5회기 전까지 호소문제의 원인도 포착해 놓아야 된다.

④ **치료비 요청**

돈 문제는 말하기가 대단히 어색한 일이지만, 치료성과에 지대한 영향을 끼치기 때문에 확실하게 책정해 놓아야 된다. 이때는 환자에게 직접 받는 것이 더 효과적인데, 치료비가 적으면 과소평가하게 된다. 그리고 너무 많으면 환자가 착각에 빠져들 염려가 있기 때문에 1회기의 치료비는 영국에선 오만 원에서 십이만 원 정도를 받는다. 그리고 미국에서는 칠만 원에서 이십육만 원 정도를 받으며, 한국에서는 오만 원에서 십오만 원 정도를 받는다. 결석을 해도 치료비는 반드시 받아야 결석을 하지 않게 된다.

⑤ **상담실운영**

ⓐ 상담에서 비밀보장은 가장 최우선이기 때문에 방음장치는 필수이고, 비상시를 대비해서 무슨 난동이 벌어질는지 모르니까 도와줄 자를 대기시켜놓아야 하며 초인종도 준비되어 있어야 한다.

ⓑ 친구처럼 마주 앉아 정담을 나눌 수 있는 공간의 확보가 급선무인데, 이때는 가구의 배치도 중요한 역할을 하기 때문에 신경을 써야 될 부분이다.

ⓐ 만약을 대비해서 휴지는 항상 비치되어 있어야 하고,

ⓑ 검사지에서 심리검사비용은 대략 50만 원 정도가 드는데, 인적성검사지는 네이버에 들어가면 있다. MBTI검사·MMPI검사·에이어그림검사·디스케검사·SCT(문장완성검사) 등은 워크넷 사이트에 들어가서 로그인하면 좌측에 선호도모형검사지와 가치관검사지도 있다.

ⓒ 상담기록지

내담자의 인적사항들은 모두 적어놓아야 되기 때문에 상담기록 지는 꼭 있어야 한다. 이때 연락처는 필히 적어놓아야 되고, 인적사항에서 연령·학력·거주지·과거배경·현재의 고충문제 등도 적어놓아야 한다. 고충사항은 들어주는 것만으로

도 위로는 되지만, 아주 구체적이지 않으면 나중에 오해가 생길 염려가 있으니 되도록 많이 노출하도록 하는 것이 좋다. 그런데 노출수위가 너무 높으면 훗날에 갈등문제가 생길 염려가 있으므로 대화내용까지도 상세히 기록한다. 이렇게 해두면 데이터 작성에 요긴하게 쓰일 수도 있다. 추고에는 상세하게 느낌까지 적는 게 좋다. 모두 적은 다음 다시 한 번 검토를 한다. 내용은 충분하게 수록되었는가? 수정할 내용은 없는가? 더 필요한 내용은 없는 지까지 살피는 게 좋다.

2) 상담의 종류

① 코칭

코칭은 직업이 아니다. 건강한 사람에게 조언하는 일이기 때문에 코칭 자에게는 책임은 없다. 낮은 단계의 상담이기 때문에 질문·경청·지지로 방향만 제시해주면 된다, 하지만 정의와 공정성은 필수다.

② 멘토링

전문인은 아니다. 그러나 오랜 경험으로 인해 새사람을 길러 육성시켜주는 일이므로 반만 책임이 있다.

③ 티칭

트레이너들의 직업기술전수를 티칭이라고 하는데, 이때는 백 프로 책임이 있다. 예를 들어 김연아가 제자를 양성하는 일 따위가 이에 해당된다.

④ 컨설턴트

완전한 위탁형태인데, 고단위전문가가 전문 지식인을 상대로 상담이나 자문의 용역을 받아 백 프로 해결 짓는 조건이기 때문에 백 프로 책임도 따른다. 법인이나 조직의 치료 의사를 일컫는데, 진단과 처방에 달인이 되어야 한다.

⑤ 카운슬러

카운슬러는 해결사는 아니다. 조언가일 뿐으로 돕는 자이기 때문에 범죄자라 할지라도 긍정적으로 바라봐야 된다. 복잡한 문제의 해결사이지만, 경청만 잘 해줘도 50%는 성공한다. 법적인 책임은 없고 도덕적인 책임만 있는데, 심리적으로 위축되어있는 사람을 정상인으로 세워주기 위한 상담가를 일컫는다. 이를테면 부적응자를 적응자로서의 기술인으로 양성시켜주기 위해 격려하거나 정보제공으로 경력개발에 힘쓰도록 도와주는 사람이다.

> EAP = 조언과 정보를 제공해주는 심리상담가
> CDP = 경력개발과 성장을 돕는 캐리어상담가

⑥ 캐리어 카운슬러

내담자의 능력을 개발시켜주기 위해 조언으로 지도해주는 사람을 일컫는데, 조직을 활성화시켜서 팀워크 화까지 해줘야 된다. 그러나 책임은 없다.

3) 상담의 기술

① 인상착의 관찰법

(a) 모습체크하기

ⓐ 사람은 하늘이 내린 선물이다. 선물을 받으면 겉에는 포장지들이 여러 겹으로 잘 쌓여져있다. 이처럼 사람 역시도 겉에는 의식이란 게 있고, 그 속에 무의식이라는 본질이 들어있다. 겉으로 드러나는 의식에서 말투·표정·행동을 관찰해보면 그 내부에 있는 무의식적 본능까지도 포착해낼 수 있다. 왜냐하면 무의식에서 의식이 떠올랐기 때문이다.

ⓑ 육체의 모든 상황을 통제하는 심장의 동방결절과 직접적으로 연결되어있는 곳이 우뇌이기 때문에 우리는 우뇌를 가리켜 감정 뇌라고 부르고 그에 관한 계산으로 해석하게 하는 뇌가 좌뇌다. 인간의 뇌에는 이와 같이 두 개의 뇌가 있어서 두개골이라고도 부른다. 이렇게 형성된 인간의 뇌는 자연의 행성들 중에서 가장 복잡한 형태로 되어있는데, 그 연료는 산소와 당분이다. 우리 몸의 산소 중 20%를 뇌가 사용하고 깊은 수면으로 뇌가 휴식에 들어가면 대뇌의 포

도당 사용량은 75%나 된다.

ⓒ 뇌의 겉 부분에는 주름이 아주 많은데, 그 사령부가 대뇌
다. 대뇌는 흑색피질로 되어있는데, 여기에서 운동·언어·
기억·감정들을 담당한다. 그리고 해마에서는 시간·주·년
도를 기억하고, 뇌간은 반사조절장치다. 여기에서 숨쉬기·
삼키기·걷기 등이 자동적으로 시행된다.

ⓓ 송과체에서는 듣고 보고 느낌 감정의 호르몬들을 생체전기
파장으로 전환시키는 곳이다. 파장들이 생겨나면 파장들의
움직임에 따라 눈빛은 조정되고 얼굴표정이 이루어지는 동
시에 행동까지 이어진다. 아울러 말하는 일들까지 담당하
는데, 전기장과 자기장들이 교대로 생성되어 흐르고 있기
때문이다. 뇌에서는 보통 $10{\sim}50\mu V$(마이크로볼트)의 뇌파가
나오는데, 주로 두피라 불리는 대뇌피질의 세포체와 수상
돌기에서 발생된다. 이들은 뇌전도기계로 측정이 되는데,
이들에 대해서는 '치유에 대하여'의 '모국어'란에서 상세히
다루도록 하겠다.

ⓔ 시상하부는 자기사랑의 기관이고, 소뇌에서는 신체활동을
주관하면서 몸의 균형 잡기와 움직임을 주관하는 장소다.

ⓕ 이들로 인해
사람의 본심은 태도에서 알 수 있고,
센스는 옷차림에 나타나며,
섹시는 맵시로 측정되므로
외모는 내면의 거울이라 생각하면 된다.

(b) 얼굴표정

ⓐ 얼굴에는 약 800개의 근육들이 몰려있다. 그들 중 50여 개

의 근육들이 표정을 만들어낸다. 얼굴색이 깨끗하다는 것
은 마음이 밝다는 증거다.

ⓑ 표정이 일그러져 있으면 마음이 불편하다는 표시이고, 찡
그린 얼굴은 불쾌 정도가 크다는 의미다.

ⓒ 슬픈 표정은 머리를 뒤로 젖히면서 입은 크게 벌려진다. 눈
을 감지만, 눈물은 흘리지 않는다.

ⓓ 즐거운 표정에선 얼굴이 일그러져 있어도 눈빛은 빛난다.
이때는 감탄하면서 고함을 지르기도 하는데, 웃는 얼굴은
만족의 표시다.

ⓔ 콧등이 붉으면 호흡기에 문제가 있거나 혈압이 높다는 증
거다. 특히 혈압은 몸 상태를 알려주는 표시인데, 위 혈압
은 뇌의 상태를 알려주고 아래 혈압은 내장의 상태를 알려
주는 신호다. 혈압은 혈압기로 측정한다.

ⓕ 입술이 파리하면 몸이 차가워서 소화기에 문제가 생겼다는
표시다.

ⓖ 입술이 지나치게 붉으면 위장에 열이 있다는 증거다.

ⓗ 입술을 나팔처럼 내밀고 있으면 흥분하고 있다는 증거다.

ⓘ 윗입술은 당기면서 숨을 몰아쉬고 턱을 앞으로 내민 다음
이빨을 드러내면 공포심의 조장으로 위협하고 있다는 증
거다.

ⓙ 위의 입술을 앞으로 내밀고 있으면 노여움의 표시다.

ⓚ 혀의 백태는 곰팡이균에 감염되었다는 증거다.

ⓛ 혀가 선홍색이면 암이 될 가능성이 많다는 증거다.

(c) 눈빛관찰법

ⓐ 눈은 몸속 에너지들의 총 집합장소다. 태중의 아기에게 제

일 먼저 형성되는 곳은 귀지만, 생후 6개월이 되면 귀의 완성과 함께 시력도 완성되기 때문에 가장 중요한 장소다. 특히 눈동자에는 육체에 속한 모든 에너지들이 몰려있기 때문에 소통의 도구로 사용된다. 공감능력을 돕기 위함인데, 눈의 윗부분으로 빛이 들어가면 좋은 파장의 푸른색이 만들어지고, 아랫부분으로는 베타아밀로이드라인 붉은 색의 빛들을 내보낸다. 이때 나쁜 파장 베타아밀로이드는 알츠하이머의 요인물질이다.

ⓑ 이 과정의 중간에는 망막이 있는데, 망막에서는 빛들이 확산된다. 따라서 눈동자의 색깔은 분명해야 되고 흔들림도 없어야 건강한 사람이다. 그런데 눈동자를 다른 데로 돌리면 무엇인가 감추고 있다는 표시이고, 상대를 똑바로 쳐다보면 무슨 일이든 자신이 있다는 증거다. 휘둘러보면 무엇인가 좋은 것을 찾기 위한 목적이 들어있다고 보면 된다.

ⓒ 분노가 많으면 눈빛은 매우 강열하다. 따라서 시선도 따갑게 느껴진다.

ⓓ 시각적인 사람은 수평이나 위를 올려다보면서 이마를 찌푸리거나 호흡을 빠르게 하고 말도 빨리한다.

(d) 목소리

ⓐ 사람은 얼굴보다 이름을 더 쉽게 기억하는데, 그 이유는 목소리 때문이다. 뇌 속에는 백조개의 신경세포뉴런단백들에서 수백억 개의 신호전달시냅스들이 들어있는데, 이들 신호전달시냅스들이 육체의 모든 일을 대행해 주고 있다. 그리하여 육체의 대변자가 바로 목소리다. 사람은 세월이 지나는 동안 얼굴모습은 자꾸만 변한다. 그러나 목소리는 변

하지 않는다. 텔레비전에 못 보던 여자가 나왔다. 신인인가 했는데, 어디서 들어보았던 목소리가 들려왔다. 아, 저 소리는 정영숙의 목소리인데? 그래 놓고서 얼굴을 자세히 뜯어보니 얼굴 곳곳에 성형했다는 것을 알았다.

ⓑ 목소리의 제조기관은 후두의 소리상자인데, 인간에게는 소리내기 근육이 200개 이상 존재한다. 이들은 육체 속 365개의 관절감각근육들과 자동적으로 연결되어 있으면서 습관적으로 되어 있는데, 보통감정에서는 보통의 목소리가 나온다. 아기의 입에서 최초로 만들어진 소리는 격양된 큰 울음소리인데, 이는 태생적인 분리불안의 표시다. 모태로부터 떨어져 나온 순간에 느끼는 기온의 차이에서 비롯된 신경흥분으로서의 감정발산이다.

ⓒ 출생 시 갑상연골의 각도는 남녀 모두 120도를 유지한다. 뒤쪽의 성대가 앞쪽 성대에 비해 면적과 길이가 더 커서 성대는 제2경추의 위치에 있어서 구조상으로 발성보다는 호흡에 유리하도록 되어있다. 이 시기에는 누워만 있으면서 손짓이나 발짓의 반사운동과 울음울기로만 자기를 나타내는데, 소리의 폭을 지배하는 것이 호기압이다. 다른 이름으로는 숨결이라고 부르는데, 여자는 탄생부터 죽을 때까지 동일한 120도의 각도를 유지하지만, 남자는 110도로 변했다가 사춘기 이후가 되면 90도가 된다. 호흡인 생체전기들이 근육에 명령을 내리면 뼛속 호중구들은 후두의 소리상자로 달려가서 조합을 이루는데, 호기압이 2~4배로 상승되면 보통의 소리가 나고, 격양된 큰 소리는 400㎜의 호기압수가 되어야 한다.

ⓓ 음파로서의 목소리는 성대의 폭에 따라 결정되고 높이는

진동수로 정해지는데, 어디가 아프면 〈아〉소리가 나고, 놀라면 〈어〉에 가까운 소리가 난다. 감탄되면 〈오〉, 동의된다면 〈우〉, 의문스러우면 〈으〉, 부정적이면 고개를 가로젓는 〈이〉소리가 나온다. 소리나 빛의 에너지파장들에 의해서 아기는 차츰 목을 가눌 수 있게 되면서 피라미드모양의 갑상연골성대가 형성된다. 이때부터 움직임 정도에 따라 내장도 형성되고 뼈대들도 단단해진다. 이로 인해 앉기도 하고 걷기도 하면서 성대의 위치는 차츰 아래로 내려가 발성연습은 시작된다. 사람은 초당 20,000싸이클 이상에서 20싸이클 이하의 소리만 들을 수 있고, 380~680밀리싸이클론 사이의 파장형태들만 볼 수 있다. 따라서 대부분의 소리나 빛의 파장들은 왜곡되거나 삭제되어 나타난다. *

ⓔ 성대주변의 근육들은 모두 고무줄세포로 되어있다. 길고 얇으면서도 탄력성이 있는데, 액틴이나 미오신성분이 들어있어서 한꺼번에 여러 가지 모양으로 바뀔 수 있는 것들이다. 이 근육들에 뇌신경과 척추신경들이 들어있으면서 가스교환을 하는데, 들숨으로 공기가 폐로 들어가면 폐에서는 산소만 선택한 후 날숨으로 이산화탄소들을 배출시킨다. 이 과정에서 산소의 농도에 따라 억양이 생겨난다. 억양은 목소리의 높낮이에 따라 세포의 활성화로 혈액들은

---

* 네덜란드의 수학자이면서 천문학자이고 물리학자이언 호이헨스(1643~1727)의 말에 따르면 빛은 공기 속에서보다 물속에서는 더 느린데, 이것은 반사와 굴절 때문이라는 빛의 파동설에 의한다. 이 주장은 1850년에 영국의 제임스 클러크 맥스웰(1831~1879)이 실험으로 확증하였다. 그리하여 1867년에 전기와 자기는 밀접하게 관련되어 있으면서 〈빛은 전자기파다. 파도의 움직임을 닮았으며 소리 또한 파동인데 소리들의 진동경험으로 우리는 사물을 해석한다.〉라고 하였다.

흘러간다. 이런 과정은 순전히 탄성회복력에 따른 수동적인 것들로, 고무줄 같은 수축현상을 통해 호르몬화학에너지가 기계에너지인 소리나 열로 바뀌면서 목소리는 형성된다.

ⓕ 아기가 직립보행을 시작하면 후두의 위치는 밑으로 내려가는데, 성인이 되면 성대의 위치는 제4~6의 경추까지 하강한다. 이 과정에서 성도의 길이도 길어지면 길어질수록 다양한 목소리를 구사할 수 있는데, 똑같은 발음의 소리를 들을지라도 배우고 익힌 방식에 따라 그 결과는 달리 나타난다. 성대양쪽에는 파열연골이 들어있어서 폐로부터 흘러나오는 공기의 속도를 조절해줌으로써 소리들은 공기들의 이동질서에 따라 문법이 형성되면서 파도타기처럼 흘러나오게 된다.

ⓖ 이 과정에서 아기들은 들리는 대로 흉내를 내면서 자기사용설명서를 작성해 나가는데, 이 시기에 연습하는 소리들을 우리는 〈옹아리〉라고 부른다. 이러한 메시지의 반복주입으로 기억시스템은 이루어지는데, 사람마다 목소리가 다른 것은 비강·구강·인두·부비강의 모양들에서 미묘한 차이가 나기 때문이다. 이로 인해 음색도 달리 나타나는데, 목에서 나는 소리는 육체의 강도에 따른 에너지의 양들이다. 폐는 숨쉬기로, 심장은 맥박의 조절로, 혈액은 혈압조절로 몸의 컨디션이 만들어지는데, 이때 언어효모들은 청력을 통해 음운루트를 형성한다. 이 음운루트가 바로 문법의 생성인데, 대체적으로 밝은 목소리는 건강하다는 징표이고, 탁한 목소리는 건강에 이상이 있다는 신호다. 힘없는 목소리는 에너지가 고갈되어 면역체가 약해졌다는 증거이

고, 강하고 큰 목소리는 에너지가 넘친 상태다. 이런 경우
는 간에 화가 잔뜩 차 있다는 증거로 보면 된다.

ⓗ 인간의 마음을 만들어내는 뇌량 속 신경다발들이 긴장되어
있으면 발음은 짧아지면서 긴장을 해소시키기 위해 강세부
분들에서는 반복하도록 만들어버리는데, 이런 증상에서 아
픔을 감지하는 곳이 림프구의 혈구들이다.

ⓘ 음성을 테스트하는 〈음성인식기〉는 귀에서 고막과 같은 역
할을 하는데, 음성의 표준패턴단어들을 기계에 입력시킨
다음 그 기준에 따라 음성을 분별하는 기계다.

ⓙ 청각적인 사람은 몸을 종종 양 옆으로 흔들기 때문에 목소
리의 음조를 분명하게 낼 수 있다. 이런 사람은 음악적이면
서 말에 집중하는 타입이다.

ⓚ 신체감각적인 사람은 몸을 둥글게 구부리거나 축 늘어진
자세여서 복부 호흡을 하기 때문에 목소리는 낮고 느리게
나타난다.

② 탐색

(a) 내담자 대부분은 잘못된 생각의 네트워크를 가지고 있다.
잘못 형성된 생각의 네트워크들이 인생을 망쳐놓기 때문에 이들
은 생각의 구조부터 바꿔줘야 된다. 생각을 바꿔주려면 마음의
어디쯤에 왜곡이 되어있는지를 찾아내야 하는데, 대가(大家)는 하
루아침에 저절로 되는 게 아니다. 탐색의 과정에서 질문을 사용
해야 되는데, 질문을 하되 내담자의 기분을 상하지 않는 범위 내
에서 조심스레 해야 된다.

ⓐ 소크라테스의 산파법

■ 소크라테스(BC470년경~BC399년)는 실존주의 철학의 거장이다. 세계 4대 성인의 한 사람으로, 고대 그리스의 철학자다. 그는 글을 쓴 일은 없지만, 그의 제자들이 글로 적어 줌으로써 그의 이름이 현재까지 영원토록 전해지고 있다. 소크라테스는 누군가를 가르치려 하지 않고 다만 질문을 통해 상대가 깨닫기를 기다리는 방법을 취하였다. 그리하여 소크라테스산파법은 대화를 통해 상대의 막연하면서도 불확실한 지식을 꺼낸 후에 진정한 개념으로 정리를 해 주는 교육법이다.

■ 신경이 예민한 사람은 약간의 기분 나쁜 말에도 상처를 입는다. 이유는 전에 이미 어떤 커다란 상처를 받아 보았기 때문인데, 한 번 상처를 받아본 사람은 그 누구도 믿지 않으려 하면서 우선 의심부터 한다. 과연 이 사람이 나에게 도움을 줄 수 있을까? 하는 마음이어서 한 번 놀라 봤기 때문에 더 이상 똑같은 상황의 상처는 받고 싶지 않다는 생각에 사로잡혀 있기 때문이다. 상처는 저절로 생겨난 게 아니기 때문에 상처는 어떤 목적을 이루기 위해 정교하게 이루어진 신체의 반응이다. 정체성을 이루기 위한 체계 속에서 무시당한 요소들이 의식에 달라붙으면서 상징으로 알려주는 것이 바로 상처이기 때문이다. 이때의 자존감은 스스로를 존중하는 마음이고 자존심은 남이 나를 존중해주기를 바라는 마음이다. 찾아오는 내담자들은 대부분 어느 부분이 거의 막혀있어서 자존감은 없고 자존심만 살아있기 일쑤다. 그러므로 내담자의 어떤 부분이 막혔는지를 찾아내어 그것들에 공감을 해주면서 이해함으로써 감싸주면 문제는 쉽게 해결된다. 이때 해결이 안

된다면 내담자의 일상을 동영상으로 찍어 스스로 살펴보게 하면 자신의 어떤 부분이 잘못되었는지를 깨닫게 됨에서 마음을 돌이킬 수 있게 된다.

ⓑ 앵무새법인 마중물기법

■ 앵무새 기법이란 따라서 질문하기다. 앵무새는 사람의 말을 따라서 하는 새의 이름인데, 사람이 사랑해 라고 말하면 앵무새도 그렇게 따라한다.

■ 여기서 앵무새기법이란 마중물 식의 방법인데, 우리가 펌프로 땅속의 물을 끌어 올리려면 얼마간의 물부터 펌푸속에 부어야 된다. 그래야만 그 물이 아래로 내려가서 땅속의 물을 끌어올리는데, 인간의 마음이 땅과 같다고 보면 된다.

■ 아픔이 언제부터 시작되었는지에 대해 사연을 들어줘야 되는데, 말 속에는 인생의 모든 비밀들이 다 들어있다.

■ 내담자들은 주로 자기가 받은 상처에 대하여 계속적인 반복으로 이야기를 늘어놓는 경향이 있다. 그렇게 하는 이유는 상처받을 당시 어렸거나 약했던 탓에 감히 가해자에게 대항할 수 없었기 때문에 만들어진 상처들이기 때문이다. 그리하여 하고 싶은 말도 못하면서 짓눌려진 마음은 현실과 과거가 엉키면서 이중으로 엮여져 있다. 따라서 반복해서 자꾸만 같은 말을 되풀이한다면 그 부분에 상처가 있다는 증거다.

■ 이때는 지루하게 생각하지 말고 공감으로 수용을 해줘야 되는데, 내담자는 상담자가 자기의 편이라는 인식이 들면 신뢰감이 생기면서 속에 있는 모든 것들을 털어내게 된다.

■ 속이 후련해지면 감사하는 마음이 생겨서 좋은 결과도 기

대할 수 있다.

■ 사람정신의 특성이란 어떤 충격을 받으면 세포는 손상을 입게 되어있다. 손상되면 짜증이 나면서 불평과 불만을 일삼게 되는데, 여섯 살적에 정보처리과정에서 해결을 받지 못하고 엉키면 서른 살이 넘어도 여섯 살짜리 심리에 머물러 있게 되어있다. 그리하여 이런 일은 뇌 속에서 소통부재로 인해 혼란이미지로 남아있기 때문이다. 사람이 고통 하는 것은 손상된 세포를 살려내기 위한 몸부림이기 때문에 내담자의 마음내부에 들어있으면서 도배로 포장된 무의식의 감정을 찾아내어 그것을 풀어주면 치유된다. 즉 내담자의 마음에 들어있는 저항부분에 주목을 해야 되기 때문에 말의 경청은 물론이려니와 눈빛·얼굴표정·행동까지 유심히 살펴 관찰하는 것이 좋다.

ⓒ 질문의 방법

■ 외부통제 형: 그럴 때 어떻게 하셨어요? 화를 내니까 공부를 하던가요?

■ 내부통제 형: 어떻게 해야 아이는 공부를 할 수 있을까요?

■ 또는 질문해도 되겠습니까?: 양해를 구한 다음에 질문을 하고 답을 얻어내는 방법인데, 이런 질문은 서로 간 욕구가 충족될 때까지 진행하면 된다.

ⓓ 내담자: 아이가 하루 종일 게임만 해요. 속이 상해 죽겠어요.
(이때 속이 상한다는 말은 뱃속에 가스가 차서 세포들이 죽어간다는 의미다. 아울러 짜증이 난다고 하면 불평이나 불만이 들어있다는 것으로 보면 된다.)

ⓔ 말을 하면서 화를 자주 낸다면 그 사람은 손에 피가 가득하다는 증거다. 마음속에는 미움·원망·불평·불만의 독소들이

가득 들어차 있어서 자신의 세포들을 모두 죽이고 있기 때문에 못살겠다는 말로 화를 드러낸다. 상처받은 일이 너무 오래 되어서 깊어졌다면 여린 감정은 어둠속에 갇히게 되어 기억으로는 떠오르지 않을 수도 있다. 이것이 해리인데, 너무나도 고통스러운 기억들인지라 스스로 지워버렸을 것이다. 저자는 초등학교 5학년과 6학년 시절이 가장 수치스럽게 느껴졌었는데. 부모도 없이 작은 집에서 아기를 봐주면서 학교를 다녔었다. 그런데 작은 엄마는 학교에 보내기는 했지만, 학용품들은 일체 사주지도 않았다. 그리하여 저자는 친구들이 쓰다버린 몽당연필을 주워서 썼고, 불쌍히 여긴 동창이 공책을 선물로 사주어서 책을 빌려 옮겨 써가며 공부를 했었다. 그런데 훗날 그때의 기억은 하나도 생각나지 않았다. 분명히 그 과정은 있었을 것이련만, 왜 기억에는 없는 것이지? 그랬다가 우연히 동창 한 사람을 만난 후 줄줄이 친구들을 만나게 되자 그때야 잊었던 기억들이 떠올랐다. 돌이켜 생각을 해보니 그것은 본성 탓인 것 같았다. 잘난 사람을 보면 시기심이나 질투심이 생기고, 못난 사람을 보면 무시하거나 멸시하려는 속성 때문이었으리라.

ⓕ 질문을 통해 내담자의 강점을 찾아내어 자문을 받아야 되는데, 이때는 공감하는 방향으로 조율해 나가야 한다. 이때는 고단위질문법이 더 큰 효과를 높일 수 있는데, 토크쇼의 진행자처럼 재치 있는 질문을 던진다면 더 좋다.

ⓑ 답에 대한 공감과 수용
　ⓐ 상담자: 제 말이 맞습니까?
　　　　　　앞의 제 말에 동의하십니까?

제 답이 충분했습니까?

제가 이해하고 있습니까?

ⓑ 내담자가 그렇다고 고개를 끄덕이면 상담자의 견해를 솔직하게 말해준다.

제가 생각한 팀장님은 이런 사람인 것 같습니다.

ⓒ 내담자가 아니라고 하면

상담자: 어느 부분이 틀렸나요?

수정해야 될 부분은 어디지요?

(하면서 다시 질문으로 확인한다.)

ⓓ 내담자들이 사용하는 은유는 대체로 이런 것들이 있다.

- 아내는 양의 가죽을 쓴 여우예요.
- 저는 감옥에서 판에 박은 듯이 살았어요.
- 저에게는 의심의 그림자가 항상 따라다녀요.
- 뭐 눈에는 뭐만 보인다더니 아내는 돈밖에 몰라요. 어제도 돈 때문에 한바탕 싸웠거든요.

ⓔ 내담자들은 대부분 이런 속성을 가지고 있다.

- 모르면서 아는 척을 한다면, 다른 사람을 지배하려는 속셈이 들어있다. 상대의 기분을 잡치게 하려고 지나친 설득과 선입견적인 속단을 잘 내리면서 도사적인 충고나 이론으로 강요하려 든다.
- 허세적인 인간은, 무엇을 가져야 된다는 욕심이 들어있기 때문에 항상 엉뚱한 곳에 신경을 쓴다. 이런 사람은 가진 것이 없으므로 항상 두려움에 싸여있다.
- 거짓 우월감에 사로잡혀 있다면, 책임감은 전혀 없으면서 누구든지 자기 기분을 맞춰주기만 바라고 남에게 강조만 하려든다.

- 허영심이 많은 사람은, 틀림없이 그리 될 것이라는 장담을 하기 일쑤다. 이런 마음의 중심에는 타인중심의 심리가 들어있는데, 타인에게 인정받고 싶기 때문에 응석을 부리거나 사치나 교만의 마음이 그 바탕에 깔려있다. 이로 인해 불안·불만·번민·고뇌·울분·초조의 마음이 생겨나서 제3자의 견해를 염려해서 생겨난 마음이다.

- 야망은, 터무니없을 정도로 경쟁심이 발현되어 남을 모두 짓뭉개려드는데, 그러다가 자기의 뜻대로 안되면 남들을 향해 비난을 일삼으면서 불안해지기 시작한다. 이때의 불안은 자신을 과시하려함에서 생겨난 마음이지만, 야망이 크면 클수록 실망은 커지기 마련이다. 남을 꼭 이겨보고야 말겠다는 생각이 온갖 탄식을 자아내게 하고 열심히 사느라 아름다운 청춘도 다 허비하게 됨에서 나중에 돌아보면 이룬 것이 하나도 없어 화만 나면서 괴로울 뿐이다. 이럴 때 터져 나오는 복수심은 스스로 성공을 해 보겠다는 각오인데, 스스로에게는 독약이어서 신경에는 손상이 입혀진다.

ⓕ 내담자의 입장이 이해되어 공감을 해주면 서로 똑같다는 동류의식이 생겨서 위로가 되고, 어쩌면 자신보다 더 아픈 고통에도 잘 견디는 걸 보면 감동도 생겨난다.

- 공감이란 확인된 과거의 일이다. 익숙해진 까닭에 안정감을 불러와서 편견 따윈 마음에 두지 않게 되기 때문에 오로지 고개만 끄덕여주면서 칭찬만 해주면 된다.

- 칭찬은 내담자가 가지고 있는 인정욕구를 충족시켜줌에서 마음은 풀려지게 된다. 혹시 내담자가 자기 자랑을 늘어놓아도 좋은 점에 대해서는 칭찬을 해주면서 상처받을

당시의 그 상황까지 인정하고 따스하게 감싸주면 공감대
는 형성된다.

ⓖ 세상에서 가장 듣기 좋은 말은
- 성공한 사람에게는 〈참으로 대단하다.〉
- 실수한 사람에게는 〈괜찮아. 그럴 수도 있어.〉
- 칭찬을 해주고 싶다면 〈넌, 그런 방면에 소질이 있구나.〉
  하면서 놀라는 표정을 지어주면 새카만 먹구름 속에서
  나타난 한 줄기의 빛처럼 여길 것이다.

③ 진단과 개선책의 효과

(a) 문제는 언제나 어린 시절에 잘못 형성된 인간관계가 성장
과정에서 잘못 길들여진 탓이므로 내담자 스스로가 모든 일을 해
결 짓기 위해서는 되도록이면 내담자의 많은 정보들이 제공되어
져야 한다.

(b) 내담자가 무엇을 원하는지를 살핀다. 새로운 창조적인 마음
을 갖도록 내담자의 생각을 구조화시켜줘야 되는데, 이때의 구조
화란 자기의 생각을 버리고 배운 대로 살기의 실천이다. 이때에
도 교정해야 할 것들을 찾아 교정해주면 새 삶은 시작되기에 이
를 것인데, 한 사람에게 맞는 치료가 다른 사람에게는 해로울 수
있다는 것도 염두에 두고 있어야 된다.
- 상담자: 무엇을 원해요?
- 내담자: 아이가 게임에 빠지지 않고 공부에 열중하기를
  원해요.
- 이럴 때 마법의 열쇠는, 고개를 끄덕여주면서 수긍해 주

는 일이다. 〈그러셨군요.〉·〈그동안 얼마나 힘드셨어
요?〉·〈참으로 고생이 많으셨지요?〉·〈수고 많으셨어요.〉
이렇게 인정을 해주면 포근해진 마음이 감동을 받게 된
다. 감동되면 엔돌핀이 솟아나서 눈물이 쏟아져 내리는
데, 눈물을 쏟아내면 마음은 후련해진다.

ⓒ 이야기의 흐름을 위해 스토리텔링을 만들되, 은유적인 스토
리텔링을 만들어야 한다. 같은 상황의 반복은 변화가 없기 때문
에 지루함을 느끼게 되고, 혼자인 것은 더 심심하므로 재미마저
사라지는 동시에 살맛까지 잃게 되므로 이때는 재미를 위해 스토
리텔링으로 정리를 해주면 좋다. 스토리텔링은 사랑의 마음을 전
하기 위한 방법이다. 자연스런 흐름 속에는 따스함의 온기가 들
어있기 때문에 집중하기가 좋다. 이때의 말은 언제나 간단명료해
야 내담자가 잘 알아들을 수 있고, 근거 있는 설득력을 제시해야
믿음도 생겨나서 관계는 좋아지게 된다. 이때는 내담자의 문제와
유사한 소재를 택하여서 매끄러운 구조를 만들어야 되는데, 이를
테면 주사 맞기 싫어하는 아이에게 고통을 이긴 환자의 이야기를
들려주면 할 수 있다는 용기가 생겨나서 잘못된 곳을 교정해 줄
수 있다.

- 안데르센의 동화책에 나오는 〈미운 오리 새끼〉는, 따돌림
  을 당함으로써 차별을 이긴 오리의 이야기이고, 〈성냥팔
  이소녀〉는 가난한 고아가 역경을 이겨낸 이야기이며, 〈인
  어공주〉는 왕자와의 사랑을 이루지 못한 채 거품으로 변
  해 파도에 휩쓸려가야 했던 공주의 이야기다. 그리고 〈겨
  울왕국2〉는 연약한 공주가 악마를 물리치는 것으로 마법
  의 성에서도 용기를 북돋아주면 무슨 일이든지 이룰 수

있다는 내용의 이야기다.

(d) 마음에서 오해로 입력된 갈등들이 풀리면 치유는 일어나는 동시에 회복되어 성숙한 삶을 살 수 있게 된다.

(e) 그러나 이는 잠깐의 마음이요 이후의 대책이 필요한데, 그러려면 성장가능의 요소들을 개발시켜줘야 된다. 따라서 살아있도록 만들어주는 좋은 프로그램의 개발은 필수인데, 특히 카운슬러는 복잡한 문제를 풀어주는 동시에 부적응 자를 적응자로 바꿔줘야 된다. 그러려면 절대적으로 내담자의 편에 서서 자기 주도적인 삶을 살도록 도와야 하는데, 본래 인간이란 자신의 있는 그대로의 모습을 지키고 싶어 하기 때문 타인 중심이 아닌 자기 스스로의 온전한 사람이 되도록 거리낌 없는 노력을 아끼지 말아야 된다. 이때 현실치료 사이클에서 가장 중요한 것은 누구의 탓이라고 여기지 말아야 행복도 차지할 수 있다. 뛰어난 언어 능력을 가지려면 많은 연습이 필요하고 될 수 있으면 감싸며 보듬어주어서 안아주는 가슴으로 울리는 목소리를 갖도록 숙련을 쌓아야 된다.

(f) 구조화시킨 것을 요약해서 설명을 해주는 동시에 문제를 해결하는 방향으로 조율해 나가면서 교육에 들어가야 된다. 치료 과정에서 자질이나 성과를 위한 노력은 필수이며, 열등한 곳 보다는 우세한 쪽으로 치중해서 개발해 나가도록 도와준다. 예를 들어 외모라는 한 가지 측면에 열중하지 말고 다방면으로 매사를 완전한 쪽이 되도록 노력을 해줘야 한다.

4) 질환의 구분법

① 생명의 가해요소들

(a) 생명체들은 알게 모르게 자연으로부터 이득도 보면서 살아가지만, 손해를 보는 측면도 많이 있다. 여기서는 어떤 것들이 독소이면서 해를 끼치는지에 대하여 살펴보겠다.

ⓐ 모르핀(아편) 속의 알카로이드는 신경계의 흐름을 방해하고 각성제(헤로인), 환각제(코카인) 등의 마약도 각성과 진통 작용으로 인해 통증치료에는 효과적이지만, 중독성 때문에 너무 많은 양을 복용하면 머리가 둔해지면서 정신에 혼란이 와 인생까지 망치게 된다.

ⓑ 강심배당체(cardiac glycoside)와 시안화물(cyanide=타닌산)은 근육으로 가서 심장박동에 장애를 일으킨다. 특히 타닌산은 펩타이드 결합이기 때문에 너무 단단해서 음식물들을 소화효소들이 정상적으로 잘게 분해하지 못하도록 방해한다.

ⓒ 청산배당체(cynogenicglycoside)는 시계풀에 들어있는 성분인데, 호흡억제력이 있어서 먹으면 숨을 못 쉬게 만든다.

ⓓ 카페인은 정신을 맑게 하거나 이뇨작용을 하지만, 너무 많은 양의 커피를 마시면 불면증을 초래한다.

ⓔ 알코올이나 니코틴은 마약성분이 있기 때문에 중독을 일으키고 이들은 동맥경화의 원인으로 작용한다.

ⓕ 북포테닌은 자라에서 축출한 것인데, 강력한 환각작용을 한다.

ⓖ 부자는 독이 든 인삼을 일컫는데, 사약재로 쓰인다. 먹으면

삼십분 내지 한 시간 후에 근육이 경직되면서 호흡곤란으로 죽게 된다.

ⓗ 히로뽕 중독자는 누가 따라다니면서 죽이려는 공포가 몰려들어서 자기 방어의 수단으로 범죄를 저지른다.

ⓘ 벨라도나는 가지 과의 유독식물로 산통해소에는 탁월해서 산모에게 살짝 뿌려주면 진통은 느끼지 못하지만 과다사용은 금물이다.

ⓙ 스코플라민은 맨드레이크 뿌리에서 축출하는데, 진통성분이 있다. 여기에다 모르핀을 섞으면 더할 나위없는 마취제가 된다.

ⓚ 마약 없이 전쟁은 할 수 없다. 전쟁을 위해 마약에 중독되면, 중독자 회복 처로 들어가야 한다. 거기에서 잘 버티기만 해도 90%는 중독에서 벗어날 수 있다.

■ 마약추출법

머리카락은 일 개월에 일 센티미터쯤 자라기 때문에 모근을 뽑아 모근 바로 위로부터 3센티미터를 잘라 토막을 낸다. 저울 위에 올려놓고 무게를 잰 다음 화장품이나 염색약의 이물질을 물이나 알코올로 세척을 하고 머리카락들을 분말에 가까울 정도로 잘게 다져서 용매에 넣는다. 검사하려는 마약의 종류에 따라서 용매를 사용해야 되는데, 마약성분이 우러날 정도로 충분한 시간이 지난 다음, 용매를 농축시켜 마약성분을 가려낸다. 만일 마약성분이 나오면 최근 삼 개월 이내에 마약을 복용한 것으로 보면 된다.

(b) 화공약품

ⓐ 항우울제로 쓰이는 테르페노이드(terpenoid)나 소주 속의

알코올(아세트알데히드)도 화공약품들이다. 화공약품은 인위적으로 신경을 차단시켜 혈액의 유동을 막기 때문에 몸을 망가뜨린다.

ⓑ 항우울제 이미프라민은 2~3주가 지나야 약효가 나타나는데, 이 약은 MAO차단제와 함께 복용하면 안 된다.

ⓒ 스텔라진은 정력이 떨어져 이명이 왔을 때 먹는 약인데, 이 약을 먹으면 내면의 소리는 들리지 않게 되지만 말이 어눌해진다.

ⓓ 토라진주사도 너무 많이 맞으면 움직임이 느려지면서 말도 어눌해진다.

ⓔ 스테로이드계호르몬주사는 진통효과를 위해 사용되지만, 다모증·우울증·얼굴이 달덩이처럼 커지는 과민성쿠싱증후군·중심성비만·혈당상승·골다공증·생리불순의 부작용이 따른다.

ⓕ 리듐은 심장이나 소화기 또는 중추신경에 부작용을 준다.

ⓖ 고강도 벤조다이안은 효과가 바로 나타나지만, 금단증상이 심해진다.

ⓗ 알프라졸람은 졸리면서 머리는 가볍게 느껴지지만, 활동이 둔해지면서 피곤이 몰려온다. 건망증과 함께 언변이 어눌해지기 때문에 알코올중독자나 약물중독자는 금해야 된다.

ⓘ 인슐린치료는 엽록소를 생산시켜서 혈당을 조절해주는 방법인데, 혈당이 급격하게 떨어지면 졸음에 빠져서 주변을 인식하지 못하게 되고 반쯤 정신착란상태가 되면서 헛소리를 중얼거리게 된다. 혈당치가 너무 많이 떨어지면 발작을 일으키기도 하는데, 손가락 하나 움직일 수 없을 정도로 굳어져 있다가 코와 식도로 호스를 넣고 글로코스용액을 투

입시켜주거나 정맥주사를 놔주면 천천히 혼수상태에서 깨어나게 된다.

ⓙ 합성계면활성제는 피부건조증을 유발한다.

ⓚ 메틸이소티아졸리논·클로로메틸이소티아졸리논·클로록실레놀 등은 나쁜 세균들을 죽이지만 양을 너무 많이 복용하면 폐렴이 유발된다.

ⓛ 프랄레이트는 딱딱한 플라스틱을 부드럽게 해주는 약품인데, 양을 너무 많이 복용하면 내분비계에 영향을 끼쳐서 생식기능에 문제를 일으킨다.

ⓜ 살충제 DDT는 야생동물까지 죽인다.

ⓝ 신경안정제로 쓰이는 시너·본드·부탄가스 등은 자연의 상태보다도 더 강한 수십만 배의 도파민이 생기게 함으로써 황홀경을 만들어준다. 그러나 이로 인해 의식은 또렷하지만, 감각들은 분리되면서 신경들은 마비된다. 움직일 수 없어지다가 끝내는 잠들게 되므로 중독성이 있기 때문에 금하는 게 좋다. 지나치게 많은 도파민이 만들어지면 수용체들은 더 이상 도파민 생성을 멈추는데, 이렇게 되면 청각의 신경들이 망가진다.

ⓞ 불법약물, 중금속(구리·수은·납·알루미늄·카드륨)은 혈액의 유동을 막아 우울증을 일으킨다.

ⓟ 다이옥신은 물에 녹지 않으면서 식물들을 죽인다.

ⓠ 휘발성 유기화합물은 대기 중에서는 쉽게 휘발되지만, 악취나 오존을 발생시키는 탄화수소화합물이다. 벤젠·프롬알데히드·톨루엔·자일렌·에틸렌·아세트알데히드 등은 피부에 닿거나 호흡기를 통해 인체에 들어가면 두통·구토·현기증을 유발시키며 높은 농도는 신경계에 장애를 일

으킨다.

ⓡ 전신마취제(이산화질소+산소+할로탄)는 정신을 잃게 하면서 몸도 움직일 수 없게 하지만, 호흡·체온·심장박동은 정상으로 유지된다. 그러나 한 번의 전신마취로도 많은 기억세포들이 손상되기도 한다.

ⓢ 황린은 성냥에 든 독인데, 먹으면 4~5일 후에 혈관이 파괴되면서 심장이 멈추어 죽게 된다.

ⓣ 석면은 일급 발암물질인데, 사문석과 같은 돌에 포함된 섬유광물질이다. 암석 중에 들어있는 섬유모양의 규산염광물질로 불에는 타지 않고 부식되지도 않기 때문에 인체의 호흡기로 침투되면 20~40년 뒤에는 폐암의 요인으로 작용한다.

(c) 전기치료

ⓐ 세로토닌의 분비촉진을 위해 전기치료가 가장 효과적이지만, 100~110볼트의 전기충격을 여러 해 가하면 무력해진다.

ⓑ 방사선과 반응성파편은 분자기계의 파괴로 인하여 동작을 둔화시켜 세포에 해를 끼친다.

② **무의식적 병질**

(a) 〈무의식〉이란 단어를 만든 사람은 오스트리아의 정신과의사이면서 정신분석의 창시자인 지그문트 프로이트(1856~1939)다. 그 후 프랑스의 철학자·정신과의사·정신분석학자인 자크 라캉(1901~1981)은 무의식의 탐구에서 언어가 형

성되는 과정을 연구하였는데, 그가 내린 결론은 이것이었다. 〈의식은 떠오른 무의식의 빙산일각에 불과하고, 무의식에는 무궁무진한 것들이 작용하고 있다.〉 그런데 이 두 학자들이 다룬 무의식의 주소는 과연 어디쯤에 있는 것일까?

(b) 이들의 결론에 따르면, 의식이 생겨나기 이전의 상태를 무의식이라고 명명하였을 것이다. 그러나 저자는 무의식이란 생명이 탄생된 때부터 시작하여 자기의 의사를 자유자재로 구사할 수 있게 되는 만 다섯 살 이전까지를 보려한다. 그 이유는 아래의 사항들 때문이다.

   ⓐ 인간DNA유전자는 당초부터 아무런 쓸모가 없는 암호들의 집합체다. 그러나 이들 속에는 생물전기이온이라는 핵산단백질엽록소가 들어있어서 그 추진력으로 조절능력은 있지만 제어의 힘은 없다.

   ⓑ DNA사슬 속에 들어있는 A·T와 C·G 원소들은 서로 짝을 이루고 있는데, 이들은 그 배열형태에 따라 바퀴벌레가 되기도 하고 사람이 되기도 한다. 이것들은 끓이거나 방사선 처리로도 없어지지 않는 것들로, 구부러지거나 납작해질 수 있기 때문에 언제든지 원 상태로 돌아갈 수 있는 것들이다.

   ⓒ DNA에는 크게 두 가지의 패턴이 있다. 하나는 태양에서 온 전기장나트륨이온(Na^-) 작은 세포 Y정자이고, 또 하나는 본래부터 지구상에 존재하는 자기장칼륨이온(K^-) 큰 세포 X난자다.

   ⓓ 큰 세포와 작은 세포가 자궁에서 만나면 생명으로 전환되는데, 한 개의 혈액인 배아줄기세포 사람DNA가 만들어지는데, 이것이 생명이다. 이런 것의 발견은 2014년 미국의

스크립연구소에서 로메스버그 박사 연구팀이 찾아내었다. 그는 인공염기XY를 대장균DNA사슬AGCT에 추가시키자 99%가 정확한 캡슐모양의 자기DNA가 복제되었다.

ⓔ 이렇게 만들어진 인간유전자DNA의 이중나선 구조 속에는 탄생부터 죽을 때까지 가지고 갈 생명의 기본요소들이 다 들어있으면서 대단히 창의적이면서도 독창적으로 되어있다. 즉 신경세포·근육세포·혈액세포 등 수천종의 다양한 유전자들이 들어있으면서 세포들이 해야 될 일들까지 모두 알려주는 신호들도 들어있다. 자기원형유전자DNA배아줄기세포 한 개의 혈액은 그 길이가 1m가 넘는데, 그 속에는 백혈구들이 수백만 마리가 존재하고 있다. 이 백혈구 한 개 속에는 30억 개의 염기서열 60조 개의 문자기호들이 들어있는데, 이들에는 동일한 소설 100편의 대본을 쓸 수 있는 분량의 정보저장량이 존재한다.

ⓕ 특히 11번 염색체는 수천가지의 냄새식별이 가능하면서 냄새식별만 담당한다. 그 외 155개의 유전자들은 냄새식별감지단백질수용체들을 만들어서 후각뉴런의 발현에 다양한 기능들을 담당하는데, 이러한 사실을 찾아낸 사람은 영국의 발생학자·생물학자·유전학자인 콘래드 와딩턴(1905~1975)이다.

ⓖ 항체T파지라고 불리는 꼬리달린 섬유인 백혈구에는 B세포와 T세포가 있는데, T세포는 수용체가 분열할 때마다 똑같은 모양을 생산해내는 복제에 이용되는 히스톤과 같은 단백질이 없는 대장균DNA사슬이다. 둥근 고리모양의 유전자세균으로, 장내에는 100조 마리가 살고 있다. 이들은 포도당을 먼저 먹은 다음에 젖당을 먹으면서 성장해 나간다.

그리고 B세포에는 수소(H)·탄소(C)·산소(O_2)가 98%나 들어있으면서 이들이 말귀를 알아듣는데, 다른 분자들을 인식하면서 행동한다. 이들은 흉선이나 림프계에 대기하고 있다가 공기와 함께 들어온 독소나 이상한 세균들을 잡아먹는 일을 하는데, 이 백혈구들의 숫자가 많으면 알파파가 되면서 긍정적인 사고가 만들어진다. 아울러 숫자가 적으면 관절부위에 자기면역장애를 일으켜서 류머티즘이나 암을 유발시키고 숫자가 너무 적으면 다발성경화증을 일으킨다.

ⓗ DNA배아줄기세포는 모태로부터 영양을 공급받아 분열해 나가는데, 한 개가 두 개로, 두 개는 네 개로, 네 개는 여덟 개의 기하급수적으로 증가하여 임신 24주인 6개월이 되면 귀의 기능은 완성된다.

ⓘ 임신 6개월 반인 26주가 되면 귀와 심장을 연결시키는 동방결절이 완성되어 소리에 대한 반응으로서의 의식이 생겨난다. 이때 해마에서는 음운루트가 형성되는데, 같은 소리의 반복으로 기억박테리아가 생겨났기 때문이다. 이들은 직진만 하는 노란색의 스무 가지이상 아미노산재료들인데, 네 개의 염기 A·T·C·G가 세 개씩 조합을 이루면서 아미노산이 만들어진 다음에 사라지는 것이 리보핵산(mRNA)이다.

ⓙ 리보핵산(mRNA)은 소기관이 있는 원형생물이다. 진정세균이라고도 부르는데, 작은 막대기처럼 생겼다고 해서 그리스어 박테리온에서 따왔다가 라틴어 〈박테리아〉로 부르기 시작하였다.

ⓚ 기억박테리아는 직진만 하는데, 장애물을 만나면 장애물을

빙그르 돌아 다른 방향으로 다시 직진을 해 나간다. 세포벽은 탄수화물과 아미노산으로 된 얇은 막으로 되어있고, 모양은 코르크마개뽑이처럼 생겼다. 코르크마개뽑이 프로펠러를 돌리면서 물속에서만 가는데, 양분을 먹으면 유기물로 변하면서 번식을 한다.

ⓛ 기억박테리아가 기억할 수 있는 것은 순전히 질소(N) 때문이다. 기억세포박테리아 중에는 남조류라 불리는 시노박테리아가 있는데, 빛이 시노박테리아의 몸속으로 들어가면 반대편으로 이동해서 촉수 같은 섬모들이 형성된다. 이 섬모들은 빛 쪽으로만 움직이기 때문에 영국의 퀸메리런던대 교수 콜래도멀리는 〈박테리아 자체가 빛을 모으는 렌즈다〉라고 하였다.

ⓜ 이들은 사람의 눈 속에서 빛을 인지하면서 빛의 방향으로 이동하는 주광성생물로, 카메라역할을 한다. 이들을 가리켜 문학용어로는 코드라고 부른다.

ⓝ 기억박테리아들은 광합성으로 지구에 산소를 공급해주는데, 이들이 모이면 음운루트가 형성된다. 음운루트의 형성으로 귀의 기능은 완성을 이루는데, 이때 태아는 모체의 심장소리는 듣지만 초음파소리는 듣지 못한다. 따라서 사람은 빛이나 소리가 왜곡되어 나타나거나 삭제되어 전달되면서 긴가? 민가? 하는 의심으로 갈등의 요소들이 나타나게 된다.

ⓞ 임신 7개월인 28주가 되면 미끈미끈하던 태아의 대뇌피질은 호두알갱이처럼 쭈글쭈글해지면서 분당 25만 개 정도의 신경세포들이 만들어지는데, 이때부터 각종 세포들은 서로 협업해서 조율해 나간다.

- 속도세포는 마그네슘이온(Mg^-)과 인이온(P^-)이다. 기계에너지라 불리는 생체전기들로, 생물은 아니고 바이러스들이다. 바이러스는 숙주가 있어야 살 수 있고 70~80도의 온도에서는 사라져버리는 것들이다. 그러나 번식력은 매우 강하기 때문에 이 지구상에서는 영원히 사라지지 않는 것들이다.
- 마그네슘(Mg)이 비타민D라는 전기장인 빛을 만나면 엽록소가 생성된다. 엽록소는 아드레날린의 원료가 된다.
- 정서파장인 인(P)은 자력의 분자조립기계다. 지름이 100㎜인 기름방울로, 박테리아보다는 약간 무거운 골격제조의 물질이다. 체내에는 0.8~1.2%가 존재하는데, 지극히 평온한 상태에서는 물질대사나 세포들의 구성성분인 인산화가 되어 숙주들과 결합한 다음 단백질이나 효소의 생리활성을 돕다가 밖으로 나오면 금방 안개처럼 사라지는 것들이다. 이들은 치아나 뼈 속에서 인산칼슘히드록시아파타이트로 약 80%를 차지하고 있으며, 20%는 그루코스6인산이나 ATP·핵산·인지질 등 유기화합물 속에 들어있다.
- 소리파동인 칼륨이온(K^+)과 빛의 파동인 나트륨이온(Na^-)이 만나면 움직임이라는 운동에너지가 생겨난다. 이것을 우리는 리보솜이라고 부르는데, 운동에너지리보솜은 몸을 움직일 때마다 베타파를 발생시킨다. 베타파에서는 엔돌핀이 생겨나는데, 엔돌핀은 모르핀의 약 200배에 달하는 진통효과가 있는 마약성분이다. 이들이 우리 몸속의 나쁜 독소들을 없애주는데, 피로회복과 병균퇴치를 해준다.

(c) 사람은 태아 적에 모태로부터 영양결핍이나 과잉 또는

약물피해 등으로부터 가해를 받으면 아래의 증상들이 나타나게 되는데, 이런 것들은 주로 DNA유전자에 변형을 주기 때문에 고칠 수 없는 병이 되고 만다. 이런 것들에 대하여 사람들은 주로 유전병이라 명명했을 것으로 보이지만 저자는 의식이 정착되기 이전에 생겼을 것으로 보아 〈무의식의 병질〉이라는 이름을 붙여 보았다. 여러 가지 환경요건의 해로운 조건에 따라 염색체의 이상에서 기인된 병이기 때문이다.

ⓐ 태아알코올증후군

태아가 성장해 나가는 과정에서 산모가 음주를 하면 태아의 뇌량은 성장을 멈추면서 나타나는 증세이기 때문에 임신 중에는 한 잔의 술도 마시지 말아야 된다. 특히 임신 10~12주 때까지는 더욱 주의가 필요하며 태아가 성장하는 동안에도 지적인 자극이 부족하면 뇌량은 빨리 위축되면서 태아알코올증후군이 생겨난다.

ⓑ 다운 증후군

21번 염색체하나가 더 추가되어 46개의 염색체가 아닌 47개의 염색체를 가지고 태어나게 되면 특이한 용모를 지니게 된다.

ⓒ 터널증후군

염색체들이 XX염색체가 아닌 XY염색체만으로 이루어져 있기 때문에 선천적으로 임신은 할 수 없게 생겨먹은 증세다. 신장은 작고 발가락이나 손가락이 부어있거나 짧은 것이 특징이다.

ⓓ 스와이어 증후군

유년기의 여성이 성년기로 접어들면서 여성적인 성숙은 일어나지 않는 사람들을 대상으로 유전학자들이 검사를 해

보았더니 모든 세포들이 XY염색체들만 가지고 있었다고 한다. 이렇게 된 것은 생식기가 미달상태로 태어났기 때문에 남성의 신호를 보내는 일이 실패되어 나타나는 증세다.

ⓔ 클라인 필터증후군

사춘기에 이르러 남성에게 여성의 유방이 형성되거나, 여성의 성기에 작은 남성의 성기가 나타나는 경우인데 이로 인해 여성의 이차 성장발현이나 남성의 이차성장이 미달되어지는 증세다.

ⓕ 선천성 난청

출생 시 아기가 산도를 통과할 때 세균에 감염되면 난청이 생겨서 귀머거리가 된 경우다.

ⓙ 자폐증

주위에 대한 관심이 없거나 남들과의 공감·공명을 느끼지 못함에서 비롯되는 증세인데, 말을 어눌하게 하면서 자기의 세계에만 몰두하는 병이다. 아울러 동물들과만 유대감이 형성되면서 사람들과는 대면의 접촉이 어려운 경우도 이에 해당되는데, 레인맨이나 템플그랜딘은 자신이 자폐증환자라고 공개하기도 하였다.

③ **정신병**

(a) 우울증

우울이란 중압감이나 슬픔에서 돌출되어지는 감정이다. 스스로 통제할 수 없는 외부의 요인이 자신을 짓눌러지면 감당하기에는 너무 버거워지면서 영원히 해결 짓지 못할 것이라는 감정에 사로잡혀서 생겨난다. 슬픔을 만들어내는 물질들은 척추를 곧게 세워주는 근육을 만들거나 눈꺼풀의 동작을 주관하고 있는데, 뇌에서 위장으로 통하는 신경에 부적절한 메시지가 생겨나면 실재로는 죽을 것 같다는 감정에 사로잡히게 된다. 이렇게 되면 심장과 폐의 신경에까지 손상되면서 밥맛이 없어지면서 만사가 귀찮고 호흡곤란·가슴 답답함·소화불량·두통·불안초조·수면장애에 시달리게 된다. 이는 상대적인 박탈감에서 비롯된 상실감 탓인데, 질투심이 원인이다. 우울감이 심해지면 대인기피증으로 변하고, 대인기피증은 사람 대하기가 싫어지면서 무슨 일이든지 항상 혼자 하려 한다. 왜냐하면 초라해진 자신을 남에게 보이기 싫은 탓인데, 사람들과의 왕래도 하지 않게 된다. 이런 감정은 어려서 겪은 버림받은 슬픔이 과거 속에 자신의 자아를 묶어 놓았기 때문인데, 이제는 영원히 버려졌다는 만성의 슬픔에 사로잡혀서 거의 매일 기분이 나쁘다. 따라서 마음은 밝지 못하고 탄식만 일삼는데, 눈물만 쏟아내기 때문에 자아는 변질되어 있다. 애정을 주고받을 능력이 없어지고 현실의 조건에 부합되지 않아 절망되면 모든 것을 남의 탓으로 여기게 된다. 소망이 사라지고 절망 속에 있기 때문에 안정되고 싶지만 어디를 둘러봐도 그런 곳은 찾을 수가 없다. 신체는 나날이 무력해지면서 매일 힘들고 기운이 없다며 호소만 해댄다. 눈을 뜨면 눈앞에는 뿌연 안개들만 덮여 있어서 마음은 항상 답답하다. 미래에 대한 기대치가 너무 크지만, 그 기대치에 당도하지 못하면 스스로 넘어지면서 빈자리로 스며든 슬픔의 감정인데, 경험에 따른 예측에서 어긋난 상실에서 비롯된 정신의 장애다. 잠을 못자니까 피로감만 늘어나고 식욕이 감퇴되니 체중도 줄어든다. 극심한 우울증은 식욕감퇴나 식욕증가로 이어지기도 하는데, 폭식이나 절식은 욕구불만의 표현수단이다. 이로 인하여 체중증가·수면증가·성욕저하·무가치에 집착이 되면서 내분비기관에 이상이 오면 갑상선기능저하증까지 찾아올 수도 있다.

- 저자는 이십대 시절에 심한 우울증을 앓았다. 그땐 한국에는 아직까지 우울증이란 단어가 나타나기 이전이었기 때문에 우울증에 시달리면서도 그게 무슨 병인지 알 수 없어서 귀신이 붙어있는 게 아닌가 하는 생각도 했었다. 딱히 하는 일도 없었으면서도 매일 피곤했으므로 설사 할 일이 있다손 치더라도 일할 생각은 나지 않았다. 언제나 온몸의 여기저기가 쑤시면서 아프면서 밥 먹기도 싫었었다. 밥을 먹지 않으니 몸무게는 잠깐 사이에 무려 십이 킬로그램이 줄어들어서 하는 일이란 그냥 잠만 잤다. 잠에서 깨어나면 과거에 있었던 서운한 생각들뿐이었고 나오는 것은 신세한탄과 탄식뿐이었다. 그로 인해 미움이나 원망의 마음이 생겨나면서 신경질로 변해갔다. 따라서 우울증은 만성화된 슬픔이다. 상황에 맞지 않는 슬픔의 절망심리기제로, 일이 잘 풀리지 않고 굶주리게 되면 찾아오는 허약 병이었다.

- 따라서 우울증이 오면 이성으로 감정을 해석해줘야 된다. 이때는 당연한 우울이냐? 지나친 우울이냐? 실질적인 우울이냐? 신경증적 우울이냐? 의 해석적인 교육이 필요한데, 논리의 비약을 최소화시켜 세상을 합리적으로 보는 습관을 기르도록 함이 좋다. 이런 해석을 하려면 자연현상에 대한 좋은 점과 나쁜 점을 일일이 적어보는 습관에 길들이면 좋다.

- 우울과 분노의 마음은 동전의 양면과 같기 때문에 이성

으로 감정을 해석해주면 치유되는 감정이다. 긍정의 힘을 길러주면 우울감은 사라진다.

(b) 갑상선기능항진증

자기면역질환이라고도 부르는 이 병은, 면역세포들이 자신 몸의 세포들을 외부의 바이러스로 알고 스스로를 공격하는 질환이다. 심장의 박동 수가 빠르면서 혈압은 상승되고 숨찬 증상이 나타나는데, 이로 인해 신경질적이 되면서 안절부절 못하는 감정의 변화가 심하다. 불면증·소화 장애·땀이 많이 나면서 피부건조와 함께 머리도 빠지고 눈이 튀어나오면서 목 부위는 커진다.

■ 치료는 쉽게 되지만 재발하기도 쉬운 질환이다. 이런 사람들에게는 절대로 아무 일도 일어나지 않을 것이라는 안정감을 주면 부교감신경은 활성화된다. 더 확실한 치료법은 하나님이 너를 지켜주실 것이라는 굳건한 믿음이 생기면 아드레날린이나 노르아드레날린의 분비가 멈춘다. 부수적인 심리치료는 두려운 것들에 대한 도전을 위해 호흡훈련과 근육이완훈련을 시켜주면서 약물치료를 병행해야된다. 약물치료는 항우울제인 벤조디아제핀 계의 항불안제를 일 년 이상 복용하면 고칠 수 있다.

(c) 열등의식

ⓐ 사람이 〈아프다〉며 호소하는 것은 육체의 일을 대변해 주는 언어다. 다시 말하면 우리가 하는 말이란, 육체의 상황을 대변하고 있기 때문에 몸의 어디쯤에 고장이 나 있다는 증거라고 보면 된다. 그런데 더 자세히 안으로 들어가 보면

아프다며 엄살을 부리는 이면에는 열등의식이 숨어서 도사리고 있기 때문이다. 어릴 적에 길러주는 사람이 완벽하기를 바란 나머지 어떤 강요를 하거나 책망을 들었을 때 만들어진 감정인데, 책망으로 인해 자책감이 완벽해지려고 위장술을 부린 언어다. 왜냐하면 아프다고 해야 상대는 그냥 넘어가기 때문이다. 이런 강한 자존감 뒤에는 언제든지 강한 열등감이 웅크리고 있는데, 이런 웅크림이 인격의 해리를 일으켜서 이럴 때는 이런 사람이 되었다가 저러할 때는 저런 사람이 되게 만들어버린다. 어려서 받은 억눌린 감정은 자라나서도 개념정리가 되지 않아서 항상 불쾌한 기분에 처해 있다. 있는 그대로의 상황들을 모두 수용하지 못하면서 삶의 환경만 변해주기를 열심히 기다린다. 그러나 세상 어디에도 자기의 뜻대로 되는 일은 하나도 없다.

ⓑ 이런 열등감에 대하여 오스트리아의 정신의학자인 동시에 심리학자 알프레드 아들러(1870~1937)는 그의 책 『개인심리학』에서 열등감을 다른 말로 콤플렉스라는 말을 사용하였다. 콤플렉스에는 두 가지가 있는데, 엑스트라콤플렉스와 오이디프스콤플렉스다. 엑스트라콤플렉스는 어머니가 강압적일 때, 딸은 아버지에게 애정을 느끼고 동성인 어머니에게는 반감을 가지게 되는 심리경향이다. 그리고 오이디프스콤플렉스는 아버지가 강압적일 때, 아들은 어머니에게 애정을 느끼면서 아버지에게는 반감을 가지는 경향이라고 하였다.

ⓒ 열등감의 특징은, 제 자랑만 늘어놓으면서 허풍만 떨어댄다. 말은 번지르르하게 잘 하지만 실천은 전혀 안 되는데, 이렇게 하는 이유는 인정받고자 하는 욕구가 도사리고 있

어서 그렇다. 억눌려진 감정이 개인의 우월성을 추구하려 함에서 언제나 다른 사람과 비교를 하기 때문인데, 비교의식에서 비롯된 파괴적인 생활양식을 갖게 되면 신경증에 빠지고 만다. 열등감 속에는 상대를 짓누르려는 의식이 들어있기 때문에, 순리적으로 이치에 맞지 않는 말만 늘어놓으면서 남의 속을 뒤집어 놓기 일쑤다. 이런 사람이 행복해지려면 미움 받을 용기가 필요하다. 억눌린 감정의 열등감이 사라지면 감정은 해소되면서 마음이 정화되어 상처는 사라진다.

(d) 신경증

신경쇠약 또는 신경성노이로제이라고도 불리는 이 증상은, 사춘기 때 자위행위로 정력을 너무 많이 쓰면 나타나는 질환이다. 면역체계인 호르몬의 불균형으로 인해 건강이 악화된 상태인데, 원기부족이나 과로가 원인이다. 자기 관리를 스스로 잘 못해서 생겨난 증상임에도 불구하고 병의 원인을 모두 타인에게 돌린다. 자기 나름의 주장만 일삼으면서 어떤 억압에 대해서는 당초부터 거부하려는 감정이 들어있기 때문에 외부에서 압박이 가해지면 아드레날린과 코르티솔의 수치가 올라간다. 이것들을 제어하기 위한 방편으로 아프다는 소리를 일삼는데, 이런 환자들은 현실 이상으로 문제를 부풀려 모든 원인을 부모 탓으로 돌려 어디가 어떻게 왜 아픈지도 모르면서 매일 여기저기 아프다며 지적만 해댄다. 의식이 협소화 되어서 신경질의 중심에는 갈등이 존재하는데, 가족 간 삼각관계에서 생겨난 질투나 증오가 원인이다. 이런 응어리들을 풀지 않으면, 성장과정의 동일화과정에서 어긋나 성격장애나 성도착으로 변하면서 유아기의 어떤 단계에 머무르게 된다. 인간이 받는 일상의 적당한 자극은 긴장감을 유발시켜서 일의 효력을 높이는 긍정효과가 있지만, 감당키 어려운 자극이 오면 신경세포의 연결에 문제가 생기면서 호르몬흐름들이 방해를 받아 생겨난 질환이기 때문에 지성의 병이라고 부르는 기분 병이다.

ⓐ 현재신경증(경계성 인격장애)

어려서 받은 성희롱의 후유증에서 나타나는 증상인데, 과잉투사로 인해 관음증·불감증·동성연애의 증세로 나타나기도 한다. 이 병은 아동기에 받은 학대나 차별의 감정을 방치해두면 나타나는 증상인데, 정서불안·자기 파괴적 행동·분노·우울·낭비·도벽·도박·자해·자살기도·약물남용·권태·공허감 등이 만성적으로 된 경우다. 자제력이 부족하면서 충동적인 행동을 보이는데, 이런 증상은 여성에게서 많이 나타난다. 부모의 양가적인 감정은 자녀의 가치관에 혼란을 주기 때문에 주체성이 모호해지면서 왜곡된 인간관계가 형성을 이룬다. 이들은 정상이 아닌 이상한 행동을 하기 때문에 모호한 초인·몽상적인 사람·슬픈 유령이라는 이름들이 따라붙어 다닌다. 악령이나 마귀에 홀려 자기 스스로를 잊을 때가 있는데, 나쁜 기운의 지배에 빠져 있기 때문에 시기·분노·질투·광분이 반복되면서 어떤 때는 광기를 발산하기도 한다. 이때의 과잉투사란 지나치게 집중해서 나타나는 증상이어서 편집증이나 정신분열증과 함께 정신장애에 속하는 경계성 인격장애라고도 부르는 병이다.

■ 관음증

남들의 성교행위를 보면서 만족해하는 증세다.

- 불감증

어려서 성적인 학대경험이 있으면 그 대가를 치르게 될 것이라는 끝없는 두려움에서 생겨난 자기 자신에게 과도하도록 집중되는 병이다.

- 동성애환자

성욕의 대상이 이성으로 변하지 않고 여전히 동성에 머물러 있다.

ⓑ 불안신경증

성교중단에서 오는 억압이 지나칠 때 생기는 신경증인데, 쾌락추구라는 과잉욕구가 불러온 증세다. 과잉욕구는 과도한 의도에서 생겨나는데, 성적인 문제로 고민하는 사람에게 자주 나타난다. 정력을 과시하려고 하면 할수록 성공의 확률은 떨어지게 되지만, 이런 사람들은 기어코 해내기 위해 애를 쓴다. 쾌락추구에서 쾌락의 원칙은 행위의 부산물에서 생겨나지만, 행위자체가 목적이 되면 정신은 파괴되면서 망가져버리게 된다. 이럴 경우에 생각아버지는 소원이게 되고, 공포는 사건의 어머니가 된다.

ⓔ 외상 후 스트레스장애

이런 장애를 가진 사람의 심장을 촬영을 해보면, 아무런 이상도 나타나지 않는다. 그러나 가슴의 통증으로 인해 발음에 영향을 주는데, 특정 단어를 길게 발음하거나 얼굴 근육을 많이 써야 되는 발음은 사용하기가 힘들다. 이런 장애 속에는 강한 열등감이 숨어있는데, 열등감은 좌절의 경험에서 생겨난 감정이다. 가슴에 통증을 만들기 때문에 심리용어로는 트라우마라고 부르는데, 어떤 충격적인 사건 후에 또 다른 상처가 겹쳐지면 극한 상황의 한계에서 다시는 그런 기억은 하고 싶지 않다는 마음에서 의식이 차단되어버린 경우다. 어떤 외상에 따른 육체의 상처로 인해 마음에 상처를 입는 경우도 있고, 연거푸 정신에 두 번에 걸쳐 상처를 입는 경우도 있다. 예를 들어 원인은 부모의 이혼인데, 그 비슷한 시기에 기른 강아지에게 물렸다면 이것은 트라우마가 된다. 따라서 트라우마를 극복하려면 깨닫는 일부터 시작해야 된다. 자신을 바로 알면서 사실을 받아들이면 그 대처법도 생겨나서 증상은 사라진다.

(f) 실어증

어떤 충격으로 인해 뇌의 언어중추에 손상이 오면, 말을 하지 못하게 되는 증상이다. 여성은 양쪽 뇌를 골고루 사용하기 때문에 실어증에 걸릴 확률은 낮지만, 선천적으로 뇌량이 제대로 발달되지 못한 사람은 다른 경로를 통해 좌측과 우측의 신경들이 통합되긴 했어도 여러 가지 능력 면에서 일반인들보다는 더 떨어져 있기 때문에 말하기가 어려워지게 되는 증상이다.

(g) 야스퍼거증후군

1944년 오스트리아의 소아과 의사 한스 야스퍼거가 명명한 장애의 이름인데, 자폐장애와는 유사하지만 언어발달의 지연은 나타나지 않으면서 사회교류에서만 장애가 나타나는 경우를 일컫는다. 말이 어눌하면서 특이한 어법을 사용하는데, 대인관계가 서툴기 때문에 고립되기 쉽고 특정행동으로 한 가지 일에만 반복하는 유형의 인간이기 때문에, 다른 사람의 느낌이나 생각 또는 욕구를 이해하지 못한다. 지나치게 정직하면서 이기적이어서 남들에게는 공격적인 사람으로 비친다. MIT에서 최초로 전자게시판커뮤니티메모리를 개발하고, 컴퓨터프로그래밍을 개발한 수학자 존 메카시가 이 병에 걸려있었다.

(h) 안면인식장애(카그라스증후군)

프랑스의 정신과의사 조세프 카그라스가 발견한 병인데, 조현병 환자에게서 흔히 나타나는 증상이다. 뇌의 손상이나 치매가 원인인데, 뇌신경들의 연결에 문제가 생겨서 남의 얼굴을 알아보지 못하는 증상이다.

(i) 패쇄 증후군

뇌간의 특정부위인 교뇌가 위치하는 곳에 손상이 발생되면 환자는 폐쇄상태가 되면서 보고 듣고 느낄 수는 있지만, 자발적으로 어떤 근육도 움직일 수 없게 된다. 대개의 경우 뇌졸중은 혈액공급이 중단되면서 이 같은 증상이 나타나는데, 눈 주변의 근육만은 움직일 수 있기 때문에 눈의 움직임만으로 의사소통을 하게 된다.

(j) 헌팅턴병

단백질합성유전자에 돌연변이가 생겨서 나타나는 증상인데, 이런 유전자들은 이전 것들보다 더 잘 뭉쳐지면서 커다란 단백질을 만든 게 특징이다. 이런 단백질들이 뇌에 축적되면 신경세포는 죽는데, 보통 30~40대에 발병해서 치매나 근육의 마비를 겪다가 10~20년 후에는 사망한다. 영국의 유니버셜칼

리지 UCI 사라타비리치 교수의 연구진과 미국바이오스타트업 이오니스파마슈타겔(lonis Pharmceuticals)이 개발한 이 유전자 치료제 이오니스-HTTRX를 척수액과 함께 투여하자 헌팅턴의 단백질 양이 줄어들었다. 이 약의 개발기술료가 사천오백만 달러로, 스위스제약사로 넘어갔다.

(k) 페닐케톤요증

아미노산에서 분해효소를 생산할 수 없게 되면 페닐케톤이 신체에 축적되었다가 뇌에 손상을 일으켜서 장애를 초래하는 병이다.

(l) 이명

귀속에서 소리가 들리는 경우인데, 이것은 증상일 뿐 병은 아니다. 머릿속의 전정기관신경에 이물질이 막히면 정보들은 유동되지 않게 되고 그러면 그곳에서 소리를 낸다. 이 생체신호작용들을 본인이 스스로 듣는 증세인데, 이런 증상은 혈행기관을 개선하면 고쳐진다. 엽산·아연·비타민이 함유된 음식들을 많이 섭취하면 된다.

(m) 난청

  ⓐ 신경성 난청

    고막에 구멍이 뚫린 다음, 물이 귀 속으로 들어가면 귀안에 액체들이 고이면서 난청을 호소하게 되는 경우다. 뇌수막염·성홍열·볼거리·홍역 등을 앓다가 청신경이 손상되면 난청이 생긴다.

  ⓑ 노인성 난청

감각신경의 손상으로 고주파소리를 듣지 못하면, 자음전
달능력이 감소되면서 말소리 해석능력이 저하된 탓이다.

ⓒ 소음난청

직업적으로 오랫동안 소음에 노출되면 난청이 생긴다.

ⓓ 전음난청

고막의 파열로 이소골이 분리되어 생기거나 외이에 귀지
가 쌓여 생기기도 하는데, 내이 또는 청신경에 손상이 생겨
서 난청이 온 경우다. 이는 감염성질환이나 악성종양 때문
이다.

(n) 파킨슨병

뇌의 신경에 시누클레인 단백질이 쌓여 생긴 병이다. 도파
민은 우리 뇌의 기저핵에 작용해서 우리 몸의 움직임을 정교
하게 할 수 있도록 담당하는데, 뇌의 흑질에 도파민신경세포
가 파괴되면 도파민부족현상이 일어나서 운동은 느려지고 글
씨를 쓸 때도 점점 작아지게 쓴다. 차츰 손발의 떨림 증세와
아울러 근육의 경직으로 몸의 동작이 느려지는데 이런 상태가
계속되면 피곤·무력감·팔다리의 불쾌감과 함께 기분이 이상
해지면서 쉽게 화를 낸다.

(o) 강박증

ⓐ 강박증은 완벽추구가 문제로 등장한다. 무슨 일이든 완벽
하게 처리를 하지 못하면 죄책감이 생기는 성격으로, 어려
서 부모로부터 완벽하기를 강요당함에서 비롯된 감정이다.
강박이란 누군가가 일어서지 못하도록 짓밟고 있다는 느낌
의 뜻인데, 근심과 걱정이 너무 지나친 탓에 근심걱정만 일

삼는다. 이렇게 하는 이유는 다른 이들에게 판단을 받을 것이라는 느낌의 감정 때문인데, 판단자로 하여금 실수를 저지르지 않는 사람이라고 여겨지기 위함이다.

ⓑ 다른 말로 하면 가면에 갇힌 사람이라고도 부르는데, 힘겨운 의식이 들어있기 때문에 죄의식이라고도 부른다. 이런 환경적 의무감 때문에 자기를 자신 있게 드러내지 못하면서 의타심을 만들어낸다.

ⓒ 강박사고란 정신분석학의 창시자 지그문트 프로이트(1856~1939)가 "억압된 사고들이 반복해서 문제를 일으킨다."라고 정의를 내렸다. 왜냐하면 항상 불안이나 걱정에 사로잡힌 생각들이 곧장 강박행동으로 이어지게 되는데, 이를테면 문을 잠그고도 잠그지 않은 것 같은 생각에서 몇 번이나 반복해서 확인하게 된다. 이런 경우는 대부분 부모로부터 엄격한 교육을 받고 자란데서 비롯되는데, 강박증은 때때로 정신분열증과 공존하기도 한다.

ⓓ 이런 증세는 아동기에 시작될 수도 있지만 대부분은 청소년기나 성인초기에 발병되는데, 스위스의 정신의학자이고 분석심리학의 창시자인 카롤 융(1875~1961)은 아픈 열등감의 그림자를 콤플렉스(complex)라고 부르면서 콤플렉스란 용어를 만들었다. 융의 이론에 따르면 콤플렉스는 잠자는 관념에 사로잡혀 있기 때문에 언행일치가 되지 않게 만드는 정신의 암 덩어리라고 하였다. 이때의 정신은 모두 과대로 포장되어 있는데, 감춰진 정신에는 시기·질투·속임수들이 들어있다. 이런 감정들은 서로 뭉쳐서 하나의 반응을 촉발시키는데, 이들에게는 항상 핵이 존재한다고 하였다. 이 핵들에 외상의 자극이나 내면의 억압이 가해지면 그

에 관련된 수많은 감정들이 한꺼번에 쏟아져 나오게 되는데, 이때 자신이 전혀 이해하지 못하는 특이한 반응을 콤플렉스라고 불렀다.

ⓔ 이들 하나하나의 콤플렉스에는 특징적 괴로움이 들어있는데, 오래전에 겪은 괴로움은 그런 것과 비슷한 느낌의 사건이 오면 절망의 두려움에 빠지면서 격분하거나 우울해져서 자기 생각의 중요성에 대한 과대추정이 발생된다. 그러다가 끝내는 폭력까지 행사하게 되는데, 이때 사용되는 폭력은 자신이 위협받고 있다는 그릇된 가정에서 상대를 불신한 탓이다.

ⓕ 불신의 덫이란 언젠가는 버려지게 될 것이라는 강한 공포감에 사로잡혀 있어서 그 누구의 말도 들으려 하지 않고 오로지 자기주장만 옳다며 우겨댄다. 한껏 자기중심적이어서 남들에 대한 배려는 전혀 없고 오로지 발버둥만 칠뿐이다. 마치 목안에 낀 가래처럼 당장에 뱉어버리고 싶지만 잘 떨어지지 않는 수치심의 불안이 들어있어서 그렇다.

ⓖ 이때의 수치심이란 충격 받을 당시의 현실을 분명히 의식하고 있어서 생긴 마음인데, 이 수치심은 언제든지 무장상태로 있다가 두려움이나 공포심으로 굳어지면서 강박의식으로 변모된 것들이다. 완벽추구라는 의무감 때문에 혈행은 원활하지 못하게 되면서 장애가 발생하는데, 이들에게 흔히 나타나는 감정은 불쾌감·불안·회피의 방법을 사용한다.

■ 불쾌감

자신을 보호하려는 감정이다.

■ 불안

저항하고 싶지만 힘이 모자라서 포기한 상태의 감정이다.

■ 회피의 감정

두통을 일으키는 요소로 등장한다. 왜냐하면 아프다고 해야 또다시 그런 억압을 당하지 않게 되기 때문이다.

ⓗ 강박환자들은 자나 깨나 어떤 한 가지 생각에 사로잡혀있다. 속으로는 무척 화가 나있기 때문에 충동이 오면 거의 통제하지 못한다. 처음에는 아프지 않아도 일부러 아픈 척을 하지만, 나중에는 진짜 아픈 것처럼 느끼게 되면서 현실과의 모든 관계가 왜곡되어지면서 망상으로 구성되기에 이른다. 이런 강박환자들은 주로 가슴의 통증을 호소하는데, 가슴의 통증으로 인해 말의 발음에도 영향을 주게 된다. 이런 환자들은 의식적으로 스스로를 처벌하고 싶지 않기 때문에 병에서 풀려나기를 절대로 원하지 않는다.

ⓘ 강박관념은 스스로의 고집을 너무나도 완강하게 포장하고 있기 때문에 언제나 스스로의 정신에 강요만 해대므로, 외부로부터 자극이 없는데도 귓속에서는 자꾸만 어떤 소리들이 들리게 된다. 즉 매미 우는 소리·귀뚜라미 우는 소리·종소리·기계소리·물 흐르는 소리 같은 것들인데, 이런 증상은 머릿속 신경망에 손상이 생겨 전기신호장치가 고장난 탓이다. 다시 말하면 과로·영양부족·수면부족·강한 스트레스·흡연·음주·약물중독·외부충격 등의 어떤 충격이 가해지면 면역력은 떨어지면서 신경쇠약이 나타난다. 이는 전두엽(CEO)의 장애가 원인인데, 노력에 따른 보상이 오지 않으면 손해를 본다는 느낌에서 생겨난 감정이다. 전두엽에서는 쓸데없는 생각이 자꾸만 떠오르게 되는데, 적절한 순간에 억제시키는 기능이 떨어져서 그렇다.

ⓙ 대부분의 강박증환자들은 전두엽기능의 일부에 이상이 생

겨서 자꾸만 떠오르는 생각들로 인해 불안이 증폭되는데, 이를 없애려고 반복적인 행동을 하게 되고 상대의 단순한 행동도 이해하지 못한다.

ⓚ 강박의 비극은 스스로 두려워하는 대상을 만들어 결핍을 불러온 경우인데, 버리려고 하면 할수록 감정은 조여 들기 때문이다. 이런 사람은 강제적으로 하지 못하도록 훈련시켜야 되는데, 아무 일도 일어나지 않는 다는 것을 계속적으로 가르쳐주면 불안감은 줄어들고 행여 불안이 오더라도 견뎌내는 인내심이 생기게 된다.

ⓛ 남들 앞에서면 얼굴은 붉어지지만, 실재로는 매우 차갑고 냉정하면서도 초연한 척을 한다. 이러는 것은 외부에서 들어온 게 문제가 아니고 스스로 만든 문제이기 때문이다. 끝없이 다른 사람과 비교를 하면서 확인받으려 하면 가슴에서는 통증이 일어나고 가슴의 통증은 발음에 영향을 주기 때문에 강박의 환자들은 특정단어를 길게 발음하거나 얼굴 근육을 많이 써야 되는 발음은 잘하지 못하게 된다.

ⓜ 신체의 기형도 일종의 강박에 속하는데, 부족한 자신의 외모에 집착한 나머지 자신의 외모를 끝없이 떠올려 강박감에 사로잡힌다. 원인은 사회적인 것에 근거가 있는데, 잡지나 텔레비전에 나오는 외모중시 경향 탓이거나 또는 어려서 친구에게 놀림당한 상처가 원인이 되기도 한다.

ⓝ 뺨 맞은 모욕감은 기억 속으로 숨어들어가서 잊힌 것 같지만, 실상은 그 상황들은 육체로 침입해서 마비현상을 불러오기도 한다.

ⓞ 성폭행 당한 기억은 그 역겨움 때문에 구역질현상으로 나타날 수도 있다.

ⓟ 편집적 강박은 어떤 충격적인 사건 뒤에 나타나는데, 강한 집착의 고집이 형성되어 있는 것이 특징이다. 이를테면 의부증이나 의처증 같은 증상들로, 피를 말릴 정도로 남을 의심하면서 괴롭히다가 언어폭력까지 행사하게 된다. 예를 들어 로마의 네로황제가 이 병을 앓았는데, 황제는 그의 친어머니 소아그리파나가 시킨 엄격한 교육 때문에 AD59년에 친어머니를 죽였고, AD62년에는 아내 옥타비아를 죽였으며, AD65년에는 가정교사이던 세네카에게 자살명령을 내려 죽게 하였고, 기름 창고의 사고로 로마에 대화제가 발생하자 민심을 바로 잡기 위해 기독교인들에게 그 책임을 전가시켜 대학살을 감행하기도 하였다. 이런 사람은 우리나라에도 있었는데, 그가 바로 영조대왕이다. 그가 세운 업적은 많지만, 사람의 생명을 경시해서 많은 사람을 죽였고, 아들 사도세자를 뒤주 속에 가두어 죽게 하였다.

ⓠ 강박은 버리려고 하면 할수록 조여드는 감정이기 때문에 약물로 호전은 될 수는 있지만, 그 자체의 삶이 존재하므로 싹부터 죽여야 된다. 다시 말해 재발을 막으려면 인지기능치료까지 병행을 해야 되는데, 인지기능이란 어떤 사실을 분명하게 인정하는 일이다. 예를 들어 혼인관계가 아닌 남녀의 자녀를 자기들의 자식으로 받아들이기 위해 호적에 입적시키는 일과 같다. 즉 핵심신념을 변화시켜줘야 한다.

ⓡ 인간은 상처받은 부분이 있다면, 언어나 행동으로 모두 그때그때 풀어내야 된다. 그러나 그러지를 못하면 그것은 콤플렉스가 되어서 작용을 하는데, 이것들이 반복적으로 의식을 훈련시켜 강박사고와 행동을 하도록 부추기는 것들이 된다. 강박은 일종의 불안장애에 속하기 때문에 자질이나

성과를 위한 노력으로 열등한 곳보다는 우세한 쪽으로 치중해서 개발시켜 나가게 도와야 한다. 예를 들어 외모라는 한 가지 측면에만 집중하지 말고 다방면으로 매사를 완전한 길로 가도록 강제로 훈련시켜야 되는데, 훈련을 받다보면 불안 증세는 줄어든다. 행여 불안이 오더라도 견디는 힘도 길러야 되는데, 자주 앨범을 들여다본다거나 자기생의 자취들을 점검하다보면 후회의 감정이 들기도 할 것이며 누군가의 말에 원통함을 느꼈다면 그때는 자신을 내려놓으면서 매운 회초리로 자성해야 된다.

(p) 편집증

ⓐ 편집증은 한 가지의 일에 유별나도록 집착한 나머지 망상까지 나타나는 병인데, 이유 없이 타인을 공격하거나 자신을 죽이려 한다면서 그 대상을 스스로 만들어 자신을 학대한다. 이런 사람은 지나치게 생각을 너무 많이 해서 생긴 병이므로 말의 앞뒤는 전혀 맞지 않고, 실수를 하고서도 실수인지 모른다.

ⓑ 자기는 선지자로 태어났기 때문에 새로운 국가를 건설해야 된다며 우기기도 하는데, 눈빛에는 감정들이 엉켜있어서 초점은 없다. 이러지도 저러지도 못하는 감정이어서 남들의 눈치를 살피기 일쑤인데, 얼굴표정에는 살기가 깃들어 있으므로 표정은 굳어있다.

ⓒ 과대망상은 남과 비교하는 생각에서 태어난 감정인데, 주로 박해·열등·무력감이 뒤섞여 있다. 이때 망상의 징후는 거의 모두가 다 짝을 이루고 있는데, 이를테면 무슨 연구소를 차려놓고 은행계좌까지 개설해 놓은 다음에도 자기가

어떤 모순을 저지르고 있는지도 모른다. 한 가지 생각에 빠져들면 끝없이 앞으로만 가려하면서 자기 스스로는 완벽하다고 우겨댄다. 현실에 없는 상황들을 가지고 미행당하고 있다거나 누가 독을 먹이려 한다며 우겨대기도 하고 무엇에 감염되었다 하기도 한다. 아울러 멀리 있는 사람이 자신을 사랑한다며 자랑을 하기도 하고 영화의 스타나 아나운서가 자기를 사랑한다며 우기기도 한다.

ⓓ 피해망상은 남에게 피해를 당하고 있다는 느낌이 활개를 치는 현상이다. 누군가 자기를 해치기 위해 계속 미행한다고 여기면서 자기를 해치기 위한 음모가 어딘가에서 진행되고 있다고 우겨댄다. 아울러 사람들이 자기를 보면 수군거린다고 하다가 표독스런 인상을 짓기도 하면서 누구 때문에 자신의 인생이 망쳐졌다고 한다.

⑼ 공황장애

ⓐ 공황장애를 다른 이름으로 폐쇄공포증 또는 예기불안장애이라고도 부른다. 끝없는 두려움의 굴레 속에서 터지기 직전의 지뢰 같은 정신 상태를 가지고 있는데, 그러다가 어떤 상황에 당도하면 무슨 일이 발생될 것 같다는 생각에 사로잡히게 된다. 이성적으로는 아무 일도 없을 거라 여기려고 하지만 무의식에서는 어쩌면 큰 일이 일어날 수도 있다며 미리 걱정부터 함으로써 파생된 증세다.

ⓑ 모든 것이 염려되어 혼자 있기를 거부하고 가슴은 답답해서 견딜 수 없어진다.

ⓒ 이런 사람은 사건이 일어날 당시에 어떤 식으로 대처했는지부터 살펴볼 필요가 있다. 왜냐하면 심장에는 아무런 이

상이 없지만, 당장에 기절해 버릴 것 같은 예감에 사로잡혀 있기 때문이다. 갑자기 엄습하는 강열한 불안은 외출도 하지 못하면서 은둔생활에 들어가는데, 이렇게 되는 것은 부신에서 아드레날린과 노르아드레날린이 너무 많이 분비되어 불안이 증폭된 탓이다. 그리하여 심장박동은 빨라지면서 두려움에 휩싸이는데, 이렇게 되면 호흡곤란과 함께 감각에는 마비가 찾아올 수도 있다. 감각의 마비는 죽을 것 같다는 생각에서 발작을 일으키기도 하는데, 외부의 영향이 없는데도 자기만의 왜곡된 생각이 들어있어서 그렇다.

ⓓ 어떤 위협에 반응하려는 뇌의 기능은 십 분 이내에 증상은 최고조에 이르렀다가 이십 분 내지 삼십 분 내에 증상은 사라져버린다. 이와 유사한 질환으로는 관상동맥질환·갑상선기능이상·부갑상선기능이상·간질·갈색저혈당증·심실상성빈맥 등이 있는데, 두려움이라는 공포에 예민한 사람일수록 공황장애의 발병률은 높다.

ⓔ 갑자기 들이닥친 변화에 어찌할 바를 모르게 되어 한 번 놀라본 경험이 있는 사람은 자꾸만 이전의 놀람이 들고 일어나서 증폭이 되는데, 뇌에서는 불안을 담당하는 청반핵이 과도하게 활성화되면서 느껴지는 현상이다. 공황발작이 오면 죽음에 대한 공포감은 더욱 심해지지만, 죽지는 않고 십 분 후면 저절로 사라지는 증세다.

ⓕ 기차공포증은 기차를 타면 나타나는 특이한 감정의 공포증이다.

ⓖ 광장공포증은 철학의 해법으로 치료될 수 있는 병이 아니기 때문에 진정제인 약을 먹어야 한다.

ⓗ 고소공포증은 높은 곳에만 올라가면 금방 떨어질 것 같은

두려움이 밀려오는데, 이는 언젠가 전에 한번 떨어진 경험 때문에 나타나는 증세다.

① 귀신 공포증은 일명 빙의 또는 귀신들림이라고 부르는 증세다. 부모에 대한 증오심이 죄책감으로 변하면서 처벌의 대상을 귀신으로 정해 놓고 항상 짓눌리는 피해의식에서 생겨난 질환인데, 환자의 특징은 교만과 고집이 들어있어서 항상 자기자랑을 잘 늘어놓는다. 이렇게 하는 것은 인정받고 싶은 욕구가 들어있어서인데, 말만 번지르르하게 하고 행동의 실천은 영 안 된다. 상대를 짓누르려는 의도 때문인데, 이기주의로 말미암아 욕심은 너무 많고 자기의 기분을 사회가 맞춰주기를 바라면서 남들에게 강요하기 일쑤다. 이를테면 좋은 것은 자기가 갖고 그 다음 것을 남에게 주는 식으로 살아가는데, 그러면서도 모든 것을 남의 탓으로 돌린다. 말이나 글의 연결 자체를 몰라 이해심의 부족에서 온 증상인데, 좋은 정보는 삶에서 나침반 역할을 해주지만 거짓 우월감에 빠진 사람은 괜스레 가치 있는 일을 하려다가 실패하면 망신을 당할 것이라는 생각에서 무기력에 빠져든다. 그러면서 자기는 대단하다고 여기기보다는 대단해야 될 필요를 느껴서 생겨난 증세인데, 인간은 모든 면에서 완벽할 수는 없다. 실수도 할 수 있고, 실수를 했다면 실수를 통해 잘못된 점을 찾아 고치려는 노력도 해야 되는데 이런 사람은 사는 방법 자체를 모르면서 알려고도 하지 않는다. 해보려 하지도 않으면서 안 될 것이라며 미리 포기했기 때문에 목적의식이 없어서 항상 우왕좌왕한다. 이를테면 집안의 물건이 고장 나면 스스로 고쳐볼 노력은 하지도 않고 일의 분담이라 여기면서 맹목적으로 수리공을 부르

는 경우와 같다. 매사에 감사할 줄 모르기 때문에 무엇인가 있기는 있는 것 같지만 그 정체를 분명히 알지 못하기 때문에 항상 몸속으로 무엇인가 드나들고 있다는 느낌만 받게 된다. 잘 나가던 집안이 갑자기 망하거나 줄초상이 나서 사는 게 힘들어지면 실재의 자아들은 자신이 접해 있는 환경을 벗어나 환상으로 채워지면서 육체의 의식은 더 이상 무의식의 상황들을 지배할 수 없게 된다. 현실을 인식하고 싶지 않은데서 생겨난 증세인데, 이들은 자연의 질서를 무시하면서 스스로 구원자 또는 재앙을 불러들이는 사람이라고 자처한다. 이때의 귀신은 알 수 없는 신이란 뜻인데, 자기 스스로가 붙인 명칭이다. 진실을 발설하기 싫은 마음에서 응어리진 부분을 귀신이라 규정을 해놓은 인지의 왜곡에서 생겨난 병이다.

- 내쉬가 들은 충격의 말: 〈일본군들이 쳐들어와서 이 도시를 산산조각 낼 것이다. 남자들은 모두 잡아가고 양민들은 학살시켜버릴 것이 뻔해.〉 아버지가 이렇게 장담하던 말이 어린 내쉬로 하여금 겁에 질리도록 만들어버렸고 그 후 내쉬는 정신병에 시달리게 되었다.

- 천운이: 저자의 시댁의 조카딸 천운이는 사촌시누이가 데려가 기른 딸이다. 고등학교 때 동네사람이 알려주었단다. 〈네 엄마는 미친 여자다. 지금의 저 여자는 너를 낳은 여자가 아니다.〉 그 말을 들은 후부터 천운이는 조금씩 미쳐가기 시작하더니, 지금은 헛것을 보기도 하고 허공에다 손을 내저어서 무엇인가 쫓아내는 시늉까지 한다. 그러던 어느 날에는 집을 떠나 정처 없이 방황하다가 정신이 돌아오면 집을 찾아왔다.

■ 영은이: 영은이는 딸의 친구다. 저자의 집에 놀러왔다가 친구아버지가 술 수정으로 난동부리는 걸 보고 놀라더니 헛소리를 해대기 시작하였다. 그 애가 떠드는 소리는 무슨 소리인지도 모르게 황설수설 하였다. 자기 집에서는 절대로 보지 못하던 일을 보면서 꽤나 놀란 모양이었다. 그 후 영은이는 방황을 시작하였다.

■ 순돌이: 순돌이는 저자의 동생이다. 저자의 아래로 딸만 내리 셋을 낳게 되자 합죽할멈이 와서 호통을 쳤다. 딸을 순돌이라고 지어요. 그러면 남동생을 보게 된다니까 왜 내 말을 안 들어요. 하도 조르는 탓에 저자의 어머니는 아들을 낳기 위해 순돌이란 이름을 지어주었다. 여자이면서 남자이름을 가진 것에 고민 고민 하던 순돌이는 고등학교를 졸업하고는 미쳐버렸다. 순돌이가 그랬다. 〈왼쪽 어깨에는 할머니 귀신이, 오른쪽 어깨에는 오빠귀신이 붙어서 자꾸만 나를 부추겨요. 가라. 가. 어서 가란 말이다. 그래서 나는 밖으로 나가 돌아다니는 거예요.〉 남아선호사상에 따른 피해의식에서 생겨난 상처를 지금은 개명을 한 뒤로 이전의 일은 까마득히 잊고 살아간다.

■ 영희: 영희는 저자의 외사촌동생이다. 처녀시절에 혼자 산으로 갔다가 무섭게 생긴 남자에게 강간을 당했단다. 그것을 감추고 결혼한 뒤에 아이들을 낳았지만, 그 때의 상처가 들고 일어나서 나날이 병색으로 변했다가 끝내는 달리는 전철에 몸을 던져 세상을 떠나고 말았다.

■ 진옥이: 진옥이는 글쓰기 공부를 하던 젊은 여자다. 압구정동에 살면서 아들도 하늘 낳았는데, 처녀 적에 폐병을 앓았고 약을 먹고 완치도 되었단다. 그런데 결혼을 하려

는 진옥이에게 엄마가 당부하더란다. 〈남편에게는 절대로
이 비밀을 발설하면 안 된다. 만일 이 사실을 남편이 알게
되면 넌 분명히 이혼당하고 말아. 그러니까 절대로 말하
면 안 돼.〉 그렇게 시작된 비밀이 남편에게 발각될까봐 노
심초사한 나머지 현재는 정신과치료를 받고 있지만 도무
지 효과는 나지 않는다며 저자에게 하소연을 하였다.

(r) 정신분열증(정신착란)
  ⓐ 정신분열증은 가족의 이중구조이론에 그 기원을 두고 있
    다. 이를테면 부모의 어느 한쪽이 명령을 내리면 다른 한
    쪽에선 그러지 말라 하든지 아니면 부모의 어느 한쪽이
    〈다른 사람에게는 친절하게 굴라.〉해놓고 자신은 그러지
    않을 경우에 나타나는 증세인데, 이런 이중의 메시지가 한
    꺼번에 전달되면 정신에는 분열의 요인으로 작용하기에 이
    른다.
  ⓑ 아우르트 쇼펜하우어(1788~1860)는 그의 나이 17세 때 아
    버지가 정신착란으로 사망하였다. 그 후 쇼펜하우어는 25
    세에 철학박사학위를 받고 31세 때 그의 대표작 〈의지와
    표상으로서의 세계〉라는 책을 써서 발표하였다. 그의 말에
    따르면 인간 내면에 들어있는 사상체계란 건축물의 건축처
    럼 되어있는데, 한 개의 부분이 다른 부분을 지탱해 주면서
    남들에게 전달되는 방식을 취한다고 하였다. 이 건축물이
    제대로 이어지지 못하면 이들 틈새로 물기가 스며들어 곰
    팡이 같은 허무의 감정이 끼어들게 되면서 이 곰팡이가 몸
    에 착란을 일으키다가 사망을 하기도 한다는 것이다. 이런
    사람은 무엇 때문에 슬픈지도 모르면서 항상 슬퍼하는데,

특히 음악을 들을 때는 째지는 것 같은 음향의 비창 같은 슬픈 음악만 듣는다.

ⓒ 이렇게 되는 것은, 생체전기의 유동에 교란이 와서 믿음이라고 불리는 의지력이 상실된 탓이다. 이런 사람들은 모든 사람들이 자기를 우러러 보게 하려고 많은 공을 들이면서 어서 빨리 만족할만한 위업을 달성시키려고 무진장 노력을 해온 사람들이 대부분인데, 그러나 세상은 그리 호락호락한 곳은 아니어서 노력의 결과는 열등감으로 변했다가 다시 교만으로 둔갑된 경우다.

ⓓ 그렇게 되면 마음을 안정시키기 위해 코카인·커피·설탕·니코틴·마약 등을 복용하는데, 이런 것들은 인위적으로 도파민을 과잉으로 분비하도록 해서 사람의 정신을 엉뚱한 데로 돌리게 만들어 버린다.

ⓔ 겉의 온화한 표정과는 달리 내면에는 상실감이 존재하고 있어서 그에게는 이미 사랑·우정·동정심·믿음까지 고갈되어 짜증날 정도로 시건방져있다. 그런 심각한 생각들로 인해 얼굴표정은 굳어져 있고 성격은 나날이 괴팍해져 가기 때문에 누구에게든 가깝게 지내려고 하지만, 잘되지 않기 때문에 남들에게는 배신만 일삼게 된다.

ⓕ 항상 깊은 생각에 잠겨 주변을 배회하면서 대부분의 시간을 허비하는데, 이런 모양새는 타율적인 것이 싫어져서 강박 쪽으로 치닫고 있기 때문이다. 이로 인해 밤을 꼬박 새우기도 하고 골똘히 생각에 잠기다가 정신이 혼미해지면 야심찬 계획을 가지고 황당한 이론을 제시하곤 한다. 그러나 이런 이론들은 말의 앞뒤가 맞지 않는다.

ⓖ 실수를 하고서도 실수인지 모른 채 괴상한 차림의 옷을 입

고 다니면서 뭐가 무슨 소리인지도 모르게 혼자 중얼거린다. 마치 몽유병환자처럼 걸어 다니는데, 몽롱하면서도 묵직한 두통으로 인해 매일 잠에서 깨어날 때마다 참혹한 세상이라고 여기고 사는 게 너무 따분하다며 호소하다가 스스로 평화의 왕이라 선언하기도 한다.

ⓗ 빨간 넥타이를 맨 사람을 보면 그 사람이 자기에게 어떤 신호를 보낸다고 착각을 하기도 하는데, 이는 상상의 맹렬한 공격으로 인해 감각들에 교란이 와 감정조절이 잘되지 않아서 그렇다.

ⓘ 굶주린 애정으로 인해 감정은 뒤엉켜져서 눈빛은 초점도 없이 멍하다. 사람을 노려보기도 하고 남의 눈치를 살피기도 하는데, 어떤 때는 심장이 아프다며 호소하기도 한다. 이는 더 이상의 스트레스를 견뎌낼 수 없다는 신호인데, 이런 사람과 함께 있으면 도무지 편치가 않다. 그것은 그 사람이 자신을 전혀 규제할 수 없기 때문이다.

ⓙ 사람에게 따돌림을 당하면 자기는 다른 사람들과는 전혀 다른 선지자라 우겨대면서 현실과 망상을 구별하지 못하고 욕설이나 위협 따위의 강력한 감정은 절대로 수용하지 못한다. 의지력인 믿음이 상실된 탓인데, 의욕이 사라지면 감동도 없어져서 끝없이 자기의 독립성만 지키려고 애를 쓰므로 남들 따위는 안중에도 없다. 어딘가로 떠나겠다고 하는데, 이때 자기의 말에 동조하지 않으면 표독스런 인상을 짓기도 하고 폭력까지 사용한다. 이렇게 되는 것은 남에게 피해를 당하고 있다는 느낌이 활개를 치고 있으면서 자신의 인생이 망쳐졌다는 느낌 때문이다.

ⓚ 욕을 잘하거나 돌발적인 행동으로 자주 소리를 지르는데,

언어폭력을 사용하거나 폭력적인 발작 또는 자해를 하면서 극단적인 행동도 저지른다. 완벽을 추구하려 함에서 무슨 일이든 자기 방식대로만 하려는 고집이 있지만, 노골적으로 반항하지도 않는다. 지나칠 정도의 몰두와 정교한 합리화로 교묘한 이론을 가지고 있어서 사물의 분별능력은 정확하다. 다만 신경과민·과다의식·섬뜩한 경계심으로 인해 누구와도 타협하려들지 않음에서 융통성은 사라지고 일탈적으로 변해 자기모순에 빠져 있다. 하나의 주제를 가지고 길게 이야기하는 습성에 길들여지면서 상대의 말은 들으려 하지도 않고 자기의 말만 하염없이 중얼거려대지만, 옆 사람은 그게 무슨 말인지 도무지 알아채지 못하게 말을 한다. 급성환자는 거칠게 소란을 피우지만, 만성의 환자는 그가 겪은 경험 때문에 남들의 눈치를 살핀다. 주로 타인에게 상처가 될 말을 하고 눈치를 살피는데, 상대가 놀라면 무시하고 굴복하지 않으면 오히려 자신이 굴복해 버린다.

ⓛ 이런 주기들은 차츰 짧아지면서 진폭은 커지는데, 이는 호르몬의 불균형에서 오는 질환이므로 생화학적자기면역질환이라고도 부른다. 정신적으로 발작증세가 있기 때문에 융의 스승이면서 스위스의 정신의학자 오이겐 블로이어(1857~1939)는 인지붕괴가 특징인 정신질환을 묘사하기 위해서 1908년에 조현병이란 용어를 처음으로 사용하였다. 우리나라에서는 2010년부터 이 용어가 통용되기 시작하였다.

ⓜ 망상조직의 혼란이미지들은 마구잡이식으로 일을 처리하려는 데서 문제가 발생되는데, 정신분열의 증상은 완벽추구형의 인간에게서 많이 나타난다. 무슨 일이든 완벽하게

처리하지 못하면 죄책감이 생기는 사람인데, 어려서 양육자로부터 완벽하기를 강요당함에서 생긴 성격의 유형이다. 탐욕적인 완벽추구는 혈행까지 막히게 함으로써 세상을 바라볼 때 이해하려 들지 않고 모든 일을 오해로 받아들여 판단하려 하기 때문에 그 누구와 대화를 나누려고도 하지 않으면서 자기에게 친절한 사람에겐 끝없이 지루하게 반복된 말만 늘어놓는다. 이렇게 하는 것은 내면에 화가 가득 차있기 때문이다. 특히 이 병은 신경이 예민한 교수·시인·대학생에게 흔히 찾아오는데, 정신분열환자의 면역구조는 일반사람들과는 아주 다르게 생겼다. 어떤 부분의 일부 파장들은 더 강하고 또 어떤 부분의 일부 파장들은 더 약해져 있기 때문에 감정조절은 잘 안 되고 자행체와 타행체의 구별을 하지 못하기 때문에 어깨가 무겁게 느껴지면서 양쪽 팔다리며 허리가 찢어질 듯 쑤시고 아프다. 아울러 이유 없이 두통이 계속되면서 헛것이 보이거나 악몽을 꾸기 때문에 이들은 밤새도록 이상한 행동을 하다가 술을 마시고 주변사람들을 괴롭히기 일쑤인데, 이때 절망이 찾아오면 환자의 자살률은 일반인에 비해 100배가 더 높다. 위험의 최고조는 병이 심할 때가 아니라 치료가 성공적이라고 선언한 직후인데, 특히 마약복용경험자에게는 약의 거부심리가 들어있으므로 주의해서 살펴야 된다. 이들이 하는 말이나 행동은 이미 정상은 아니고 이상해져 있다. 평소에는 저러지 않았는데 제 정신이 아닌 것 같다는 생각과 함께 혼자 방에서 누구와 대화를 하듯 중얼거리면 이는 환청과 대화를 하는 것이다. 자주 예언을 하지만, 한 번도 들어맞은 적은 없다.

ⓝ 이 질환은 삶 속의 죽음을 의미하기 때문에 영어로는 스키조이드(schizoid)라고 부르는데, 이들은 사람들과 어울리고 싶어 하지만 도파민분비에 균형이 깨져 있기 때문에 삶의 즐거움은 사라졌고 오로지 자만심으로만 똘똘 뭉쳐있어서 어울릴 수가 없다. 감당하기 어려운 불안과 공포에 쌓인 나머지 의식에 장애가 온 경우여서 스스로는 감당이 안 되기 때문에 전문가를 찾아가야 한다. 이들은 따스한 보살핌이 필요한 가엾은 피해자들이다. 우리가 여기는 일반적인 생각이란 객관적이면서도 보편적인 것들에 기준을 두고 있어야 되지만, 이런 사람들은 그러지를 못해서 나타나는 증세인데, 정신분열증은 주로 10대 후반에서 20대의 청년기에 발병하므로 청년의 질병이라고도 부른다. 그 특징은 자나 깨나 어떤 한 가지 생각에 사로잡혀서 스스로는 절대로 다른 데로 방향을 틀지 못한다. 어느 한 방면에 무척이나 화가 나있어서 충동은 거의 통제하지 못하는데, 이는 뇌의 정보처리과정에서 혈액유동이 막혀서 나타나는 증세다. 엉킨 문제들을 호르몬들이 해결하려고 환각·환청·환시의 현상을 나타내는데, 어떤 때는 뇌가 없는 벌레처럼 구획적으로 소리를 듣는 경우도 있다. 이럴 때는 일어나는 모든 일이 음모라고 여기면서 사람들과는 절대로 소통하려 들지 않게 된다.

(s) 심장병

심장병은 마음과 직접적으로 연결된 뇌의 문제이기 때문에 그 누구도 고쳐줄 수 없고 다만 스스로만 고칠 수 있는 병이다. 감추는 일이 없으면 병에서 놓여나게 되는데, 이를테면 마음을 부정적으로 먹으면 뇌에서는 나쁜 파장들이 생겨서 심장을 괴롭히게 된다. 그러나 긍정적인 생각을 하면 전전두엽에서는 알파파가 발생되는데, 이 알파파가 코르티솔의 수치를 낮춰주기 때문에 병에서 놓여날 수 있다.

- ■ 저자의 동서 금자는 위암에 걸렸다면서 위암 수술을 하고 병원에 입원해 있었다. 병문안을 가보니 꼴은 말이 아니었는데, 그녀의 옆에는 『용서』라는 책이 놓여있었다. 그러면서 아무리 미운 사람을 용서하려해도 용서는 되지 않는다며 고백한다. 저자도 마찬가지였다. 시집살이가 고달픈 나머지 금자를 미워하기 시작했는데, 금자를 이해해 주면서 용서를 하려해도 잘 되지 않았다. 그런데 어느 집사가 알려주었다. 기도를 하세요. 용서하는 마음을 달라고 기도를 하면 돼요. 그래서 그렇게 기도를 했었는데, 이상한 일이 벌어졌다. 집안 식구들의 모임에서 저자가 대표로 기도를 하게 되었는데, 기도 중에 갑자기 울컥하는 마음이 생겨서 눈물이 났고 이어 불쌍한 동서를 어서 빨리 낫게 해달라며 기도를 하게 되자 그 말을 전해 듣고 금자는 세상을 떠났다. 이제 금자가 세상을 떠나고 없으니 미운 마음은 사라졌고 용서도 되면서 심장병에서 놓여나게 되었다.

(t) 히스테리(간질발작)

　ⓐ 다른 이름으로 지랄병이라고도 부르는 이 병은 간에 열이 많이 쌓여 발작을 일으키는 질병이다. 간에 열이 쌓이면 뇌 속 파장들은 점점 더 커지면서 흥분파장으로 넘어가는데, 이 과정에서 육체가 견뎌내지 못하면 몸이 비틀어지면서 쓰러져서 발광을 떨어대 된다. 그러다 얼마 후에는 언제 그

랬느냔 듯 일상생활을 하게 되는데, 신경쇠약이나 신경질 환자와 증상은 비슷하지만 간질 환자는 경련·마비 같은 감각의 탈피현상이 일어난다. 이때 생겨나는 잡파들은 뇌신경에는 이상을 주지 않고 다만 생체파장에 문제가 생겨서 나타나는 증세다.

ⓑ 심인성간질은 참는 일이 한계점에 다다르면 더 이상 참기 힘들어져서 괴로움에서 벗어나려고 발작 증세를 일으킨다.

ⓒ 가상간질은 주로 착한 여성에게서 많이 나타나는데, 어려서 아버지나 친척들로부터 성폭행을 당한 경험이 있으면 이 기억이 해마 속에 저장되었다가 자기도 모르는 사이에 반항의 몸짓을 하는 증세다.

ⓓ 외계인 증후군은 심각한 간질을 일컫는다. 어쩔 수 없는 사정으로 뇌량의 일부를 잘라 내거나 뇌출혈 또는 세균의 감염으로 나타나는 증세인데, 환자의 한쪽 손이 자체의 마음을 가리고 있는 듯이 보인다. 예를 들어 오른손잡이가 오른손으로 와이셔츠 단추를 채워놓고는 왼손이 단추를 풀었다고 말을 하는데, 이렇게 되는 것은 한쪽의 뇌가 다른 쪽 손에 명령은 내렸지만 의식을 만들지 못해서 그렇게 되는 것이다. 이런 환자들은 통제할 수 없도록 한쪽 손이 다른 손을 방해하거나 심지어는 자신을 공격하기도 하는데, 이는 뇌량을 통한 상호억제의 협조가 사라져서 양쪽 손을 통제하는 과정들이 하나로 합쳐지지 못해서 나타난다.

ⓔ 19세기 후반 프랑스의 정신의학자 장 마르텡 사르코 (1825~1893)는 1878년 파리의 살페트리에르정신병원에서 상주하고 있었다. 거기에는 사천 명의 여성 환자와 오백 명의 의사가 있었는데, 이때 그는 히스테리발작을 일으킨

사람들의 행동양식에 대하여 방대한 문서와 사진을 남기는데 공헌하였다. 특히 사르코는 열다섯 살의 여성 어거스틴을 대상으로 연구를 하였는데, 어거스틴의 기분은 하루에도 수십 번씩 바뀌었다고 한다. 긴장성두통으로 인해 혀가 마비되어 빠지는 일반적인 히스테리증상을 가진 소유자로, 때론 복통이 동반되면서 폭력적으로 위협·황홀감·헛소리·행복해지는 얼굴을 짓기도 하였다. 그 결과에서 사르코는 그 전까지는 히스테리증상이란 여자의 자궁에 이상이 생긴 탓이라는 판단과는 달리 심리가 원임임을 밝혀냈는데, 끝없이 반복되는 환자의 경련과 공격성은 일정한 패턴이 있었다고 하였다. 그리하여 정신병의 원인은 소통부재로 인한 분노가 원인이라고 보았다.

ⓕ 쇼팽은 간질 환자였다. 피아노연주를 하다가 갑자기 유령이 나타났다면서 이를 자기가 방에서 몰아냈다는 증언을 하기도 하였다.

(u) 치매

ⓐ 뇌혈관성 치매

뇌경색이 원인이다. 뇌의 동맥에 경화가 생기면 혈액의 흐름에 방해를 받아 발병된 경우인데, 과거의 기억이 모두 사라지면서 죽은 인간이나 마찬가지가 된다. 고혈압·당뇨·고지혈증·흡연·과로가 계속되면 주의력은 저하되고 자기조절능력이 떨어짐에서 기억저하와 함께 팔다리와 얼굴에 마비증상이 나타나고 발음장애·삼킴 곤란·요실금 등도 나타나는데, 치료는 혈행을 원활하게 해 주기 위해 아스피린을 복용하는 것이 좋다.

ⓑ 알츠하이머질환

  1899년에 알츠하이머가 연구해서 발표한 질환인데, 신경세포의 다발들이 녹으면 베타아밀로이드란 독성물질들과 엉겨 붙어 덩어리가 된다. 이렇게 되면 뇌 조직을 유지하는 '타우'라는 단백질이 망가지는데, 마치 철골구조물에 녹이 쓸면 부서지는 것과 똑같이 되면서 E유전자 한 쌍이 생겨난다. 아울러 아세틸콜린의 양이 감소되고 아밀로이드양은 증가되면 뇌의 피질세포가 파괴되면서 머리카락처럼 생긴 원섬유뭉치가 점차 밀집되면서 신경세포는 파괴되기에 이른다. 마지막에는 원섬유뭉치들만 남게 되고 SSeck단백질생성에 문제가 되면 뇌종양으로 변하면서 치매가 온 경우다. 이들의 기억은 대부분 5세 이전으로 돌아가 있기 때문에 항상 집에 가야된다고 하거나 엄마가 보고 싶다는 말을 하면서 집을 떠나 방황하므로 가족들은 환자를 살피느라 몹시 힘들어진다. 뇌세포의 퇴화로 기억력과 인지기능이 저하되면서 차츰 시간이나 날짜 또는 며칠 전까지의 일도 기억하지 못하게 되는데, 가끔 환청이나 망상이 나타나기도 한다.

ⓒ 루이체치매

  파킨슨병처럼 움직임에 장애까지 동반되는 경우인데, 기억력의 저하와 함께 움직임에 장애가 나타나면서 종종걸음·손 떨림·느린 행동이 동반된다. 수면과 각성을 조절하는 뇌 영역이 손상되어 불면증이 오고 스트레스와 정서를 조절하는 편도체와 해마기능이 저하된 탓에 우울증도 동반된다.

2. 치유에 대하여

1) 치유원리

① 언어의 생성과 의식

ⓐ 인간은 탄생부터 말을 배워 익힐 때까지 만 5년 동안에 신경세포호르몬들은 열심히 일을 해 나가면서 신경에 많은 가지들을 만들어낸다. 이들은 어떤 모양의 형상이나 들은 대로의 소리들을 흡수해서 왕성하게 신경세포들을 연결시켜 나가는데, 이때는 시간개념은 없고 감정을 만드는 호르몬형성에만 주력해 나가면서 주파수들을 만들어낸다. 그리하여 아기가 세상에 태어나면, 부모는 아기에게 이름을 지어주는데, 이때 부모는 아기가 어떤 사람이 되기를 바라는 기대가 아기의 성격에 반영되면서 외모에까지 영향을 끼치게 된다. 이것이 이름이라는 명칭의 위력이다.

ⓐ 공기는 세로로 된 파장이다. 공기에 빛에 닿으면 전자들이 방출되는데, 전자파의 숫자는 빛의 진동수에 비례한다. 이것을 음압·음향·데시벨(db)이라고 부르는데, 1데시벨은 1

초 동안에 한 번 진동하는 파장을 가리킨다. 데시벨의 소리 정보가 전정기관 속 림프액을 진동시키면 주파수가 만들어지는데, 이는 전자파가 매질 속에서는 가속운동을 하기 때문이다. 소리의 감지는 와우의 달팽이관 속 유모세포가 하는데, 유모세포는 소리분석기술자다. 소리는 순전히 수소기체가 공기를 통해 강약으로 전달되는 현상인데, 그 진동의 숫자인 주파수에 따라 생체전기들은 발생된다. 여기서 주파수란 소리로 전해지는 파동을 일컫는데, 소리와 소리가 맞닿으면 전기가 발생되는 현상이다. 예를 들어 우리의 피부에 어떤 물체가 닿으면 찌릿한 전기현상이 나타나는데, 이런 증상이 나타나는 것은 모두 주파수들 때문으로 다른 말로는 스파크라고 부른다. 주파수를 알아낸 사람은 독일의 과학자 루돌프 헤르츠(1857~1894)다.

ⓑ 시력을 관장하는 시노박테리아는 청록색의 주광성 생물인데, 작으면서도 둥글게 생겼다. 빛이 시노박테리아의 몸속으로 들어가면 광합성이 이루어지는데, 광합성이란 색소분자 한 쌍이 생명으로 전환되는 일을 일컫는다. 광합성이 일어나는 방은 세포내의 소기관인데, 막으로 쌓인 속에는 색소분자들이 환상적으로 정교하게 배열되어 있다가 빛이 들어가면 반대편에 촉수 같은 섬모들을 만들면서 섬모들은 빛 쪽으로 옮겨간다. 이런 것은 영국의 퀸메리런던대교수 콜래도멀리가 찾아냈는데, 그는 〈박테리아 몸 자체가 빛을 모으는 렌즈다.〉라고 하였다. 시노박테리아는 눈과 같은 원리로 되었는데, 빛을 향해 돌진하는 것으로, 지구상에서 산소를 만들어 공급해주는 생명의 공급원이다. 이들은 이미 지주파수들로 율격의 차원에 있는 것들이다. 시력이나 감

각으로 흡수된 물체이미지의 빛들은 모두 분자·원자·전자들로 구성되어있다. 분자는 두 개 이상의 원자가 공유결합 되어 하나의 형태를 이룬 것이고, 원자란 원소라는 문자기호들의 최소입자를 가리킨다. 이들은 화학반응으로도 더 이상 쪼갤 수 없는 단위인데, 원자핵과 전자로 구성되어있다. 원자핵은 중성자와 양성자로 되어있는데, 전자의 음(-)전하 숫자와 양(+)전하의 숫자가 항상 동일하기 때문에 물질들은 변동 없이 결속되어져 있다. 원자내의 전자숫자가 바로 원자번호인데, 헬륨(He)은 핵 주위에 두 개의 전자가 있다는 것이고 오가네돈(Uuo)은 핵 주위에 118개의 전자가 돌고 있다는 표시다. 이런 원소주기율표를 작성한 사람은 멜델레예프(1834~1907)다. 인간이 세상에 태어나면 사물의 형태는 확실하게 볼 수 없다. 그러나 빛을 받아들이는 속도가 놀라우리만치 발달되면서 생후 3~5개월이 되면 사물의 형태를 분간할 수 있다가 6개월 정도가 되면 시력은 완성된다.

ⓒ 소리파장언어효모바이러스(RNA)가 그 주변을 둘러싸고 있는 외막의 캡시드단백질이미지주파수들을 만나면, 대단히 창의적이면서도 어렵지 않게 복제되는 노란색을 띤 스무 가지 아미노산염기 4개가 만들어지는데, 이들은 각기 3개씩 조합을 이루면서 또 다른 아미노산을 조직한다. 이것이 기억인자인데, 기억을 만들고 사라지는 것이 mRNA라고 부르는 리보핵산이다. 기억인자가 산소와 결합해서 생체전기파장이 되면 폐로 들어간다. 거기에서 피부들의 수축운동을 강화시켜주면서 숨을 쉬도록 해주고, 그 다음에는 심장으로 가서 맥박의 조율로 발바닥까지 정보들을 나르면서

호흡의 길이·호흡의 횟수·혈압·맥박 등을 조율해 나간다.

ⓓ 이 과정에서 전정기관에 고장이 나면 밖에서 나는 소리인
지 안에서 나는 소리인지 분간이 안 된다. 그리고 외이에서
중이로 가는 길에 귀지나 종양이 가로막고 있어도 듣지 못
하기 때문에 말도 못하게 된다.

ⓔ 전자파는 너무 작아서 육안으로는 절대로 볼 수 없기 때문
에 생체전기파장·물리적인 빛·3차원파동이라고 부르는
데, 이 생체전기의 파장들이 신경의 말초를 자극하면 세포
에서는 호르몬이 분비된다. 이런 식으로 우리의 호르몬들
은 열심히 쉬지도 않고 일을 해나간다. 그리하여 호르몬 속
에 들어있게 되는 언어라는 기억의 씨들은 생체전기파장들
이 되면서 그 나름대로 삶의 방식이 존재하게 되는데, 외부
도형이미지가 인체로 수입되면 정신이미지인 기억이 되었
다가 다시 언어나 행동으로 둔갑되어 배출되는 형식을 고
수해 나간다. 이렇게 생체전기에서 태어난 모국어는 감정
에 이름을 붙여주는 일을 고수하는데, 이것이 환유의 힘이
다. 바꿔치기의 기술자로 대상은 사라지고 해석만 남아 사
상으로 굳어지게 만드는 곳이 송과체다.

ⓕ 송과체는 뇌 속 가장 깊은 곳 정수리에 위치하고 있다. 솔
방울처럼 생긴 신경세포덩어리인데, 육체와 직접 연결된
많은 혈관들이 있다. 이들은 받은 일조량에 따라 에너지파
장들을 만들면서 그 느낌을 뇌 전체로 분산시키는 일을 하
는데, 이때 생성되는 파장의 종류는 다음과 같은 것들이 만
들어진다.

- 검정색의 파장은 밤을 의미하는 멜라토닌색깔이다. 빛이
  사라지면 나타나는데, 잠을 자라는 명령의 색깔이다. 흑갈

색의 방패 막으로, 도파민이 분비될 때 따라서 분비된다. 1초에 세 번의 파장이 나타나는데, 0.5에서 3헤르츠 파장으로 진폭이 크고 느리면서 주파수는 낮다. 각성이 떨어지면 나타나는데, 4단계의 수면에서 잠든 지 한 시간 이내에 나타나는데, 15분쯤 유지된다. 깊은 수면이나 혼수상태이기 때문에 이때는 큰 소리를 질러도 깨어나지 못하고 설령 잠에서 깨어난다 해도 횡설수설 하다가 다시 쓰러지면서 꿈의 상태로 들어가는데, 서수면파(slow wave sleep)라고도 부르는 파장이다.

- 에너지사용량이 줄어들면 흑질에서는 노란 색의 느린 파장인 3.5헤르츠(㎐) 이하의 파장이 생겨나는데, 이것이 델타파다.* 2초에 한 번 파장을 이루는데, 진폭이 느리면서 각성이 떨어지면 나타난다. 침착하라는 의미의 파장인데, 아드레날린의 색채로 슬픔의 대명사다.

- 수면 중에 나타나는 세타파는 3.5~7헤르츠 정도의 붉은 색 파장이다. 전뇌의 기저부로부터 아세틸콜린이 대뇌지질의 전체로 확산되면서 해마로 신호들이 입력될 때 생겨나는 파장인데, 이때 산화질소가 분출된다. 주로 어린아이들에게서 많이 나타나는 파장인데, 어른은 회상·명상·집중할 때 나타난다. 점진적인 쾌감이 오면 도파민과 엔돌핀이 생성되는데, 도파민은 파장숫자가 너무 많기 때문에 흥분·분노·열정을 상징한다. 그리고 엔돌핀은 모르핀의 이백 배에 달하는 마약성분이 들어있어서 진통효과가 있

---

* 1953년에 나다니엘 클라이트만과 그의 제자 아세린스키가 실험으로 찾아내었다.

다. 따라서 나쁜 성분을 없애주어 피로회복과 병균퇴치를
시켜준다.

■ 알파파는 고주파음파장인 8~12헤르츠의 파장으로 주황
색의 파장인데, 엔돌핀의 원료가 된다. 머리 뒤쪽에서 발
산되는데, 마음이 평안하고 졸음이 오는 상태에서 베타파
들이 오감을 차단하면 알파파가 발산된다.

■ 저 베타파는 13~18헤르츠의 파장인데, 적당한 긴장감을
주면서 어떤 작업에 몰두하면 불안감이 달아나면서 파랑
색의 파장이 나타난다. 파랑색은 희망 색깔로, 긍정적인
사고를 갖도록 해준다.

■ 베타파는 낮은 전압의 무작위적 빠르기로 각성상태에서
나타나는데, 몸을 움직일 때마다 머리 앞쪽 시상하부에서
진폭이 낮고 주파수가 빠른 초록색의 18~22헤르츠의 파
장이 나타난다. 이것이 베타파인데, 멋진 음악을 듣거나
어떤 말을 듣고 감동을 받으면 모르핀의 30배에 이르는
치유효과가 일어나게 해주는 파장이다. 베타파가 나타나
면 면역기능은 상승되며, 온화함과 인자함의 명랑색깔로
평온상태에서 안정감을 나타내는 파장이다.

■ 고베타파는 22~30헤르츠의 빠른 남색의 파장인데, 어떤
일에 스트레스를 받으면 발산되는 파장이다. 이때 멜라토
닌과 세로토닌은 균형을 이루면서 일체감이 생겨나 송과
선은 활성화되면서 사랑의 호르몬 옥시토신이 분비된다.

■ 30헤르츠 이상의 파장이 감마파인데, 우리가 꿈을 꿀 때
나타나는 보라색의 파장으로 자기존중 감을 나타내는 파
장이다. 자비로운 사람에게서 많이 나타나는데, 피질과 피
질 사이에서 정보교환이 필요할 때 발산된다. 감마파는

베타파와 중복되어 나타나기도 하는데, 스트레스가 심하거나 흥분 정도가 극에 달하면 양 반구에서는 대칭적으로 감마파가 발산된다. 보통은 전두엽에서 활발하게 발산되지만 피질의 손상된 부위에서는 감소하거나 사라져 버리기도 하는데, 뇌 속에 감마파가 많으면 수면의 분절이 나타나면서 기억상실이나 인지기능까지 저하되다가 알츠하이머치매가 올 수도 있다. 꿍음이나 악담으로 인해 집중적인 뇌 활동에서 특정주파수의 리듬과 같은 파장인데, 감마파의 파장은 병리현상이나 약물과 관련이 있는 것으로 보인다.

■ 흰색의 오라현상파장은 평정심을 나타내는 색깔이다. 온갖 색깔들이 다 모이면 하얀색의 파장이 나타나는데, 이것이 밝음을 나타내는 파장이다. 즐거움이나 상쾌함을 나타내는 세로토닌의 색깔인데, 깨달음이 많은 사람에게서 나타나는 파장이다.

ⓖ 이런 파장들을 가지고 인간은 자신의 의사를 보다 정확하게 의사표시를 하기 위하여 언어를 만들어낼 줄 아는 동물이다. 이를 위해 좌뇌에는 베르니케영역과 브로커영역이 나란히 붙어있다.

(b) 사람은 이미지파장과 소리파장을 연합시켜서 흉내 내기로 말하기의 배열을 시작해 나간다.

ⓐ 소리이미지는 모두 격자세포로 되어있는데, 이들은 너무 작아서 육안으로는 절대로 볼 수 없고 세균여과기도 통과되는 것들이다. 이들에게 열을 가하거나 용액 속에 담가두면 두 가닥으로 분리되었다가 적정온도인 체온 정도의 온

도가 되면 다시 결합되는 것들이다.

ⓑ 모양이미지를 만드는 시노박테리아는 상징작용과 아울러 복제로서의 의미작용을 한다. 그런데 의미작용에는 보이는 측면의 모양과 보이지 않는 측면의 소리가 있다. 보이지 않는 측면에서 제1소기는 비둘기가 〈구구〉하며 흉내 내는 일이고, 제2소기는 느낌으로 받는 평화로운 감정 같은 거다. 이들이 끈끈이 당 멜라토닌호르몬에 의해서 붙여지는데, 인간시력의 한계는 380~680㎛의 파장만 볼 수 있고 750만 개의 색깔구별만 가능하며 원색만 볼 수 있다. 망막에는 백만 마리의 말총머리신경절세포가 십층으로 쌓여있으면서 빛들을 확산시키는데, 이렇게 되는 것은 망막의 신경원들이 모두 변조물질로 되어있기 때문이다. 시세포에는 추상체와 간상체가 있는데, 추상체에서는 강한 빛의 양성전기가 발생되고 간상체에서는 약한 빛의 음성전기가 발생된다. 이때의 흥분전달은 글로타민산인과 아스파라긴산이 담당하고, 흥분억제는 감마아미노산과 글리신이 담당한다. 이들을 초자체인 유리체가 싸고 있다. 유리체는 안구의 내부를 채운 투명하면서 연한 교질이다. 안구의 정상유지와 외계물체를 결상시켜주는 역할을 하는데, 유리체의 80%는 콜라겐파이브골격비트로신이고 20%는 유리체젤리인 액체로 되어있다. 중뇌의 상구에서는 눈의 초점 맞추기를 하는데, 동공을 수축하거나 수정체의 두께를 조절해서 눈이 열리면 빛을 받아들이고 닫히면 빛을 차단하는데 이런 일을 홍채가 한다. 따라서 홍채는 눈의 커튼이다. 커튼을 닫고 구멍을 작게 해야 물체의 상은 뚜렷하게 나타나는데, 물체에서 반사된 빛들이 눈으로 들어가 시신경을 자극하면 신

호가 나타난다. 이때 물체의 상은 거꾸로 나타난다. 사진기에서 보는 거꾸로 상인데, 이때 물체의 분별은 물체들의 특징에 따른다.

ⓒ 물체에서 내보내는 소리의 톤이나 움직임의 모양새는 세포들이 느낌으로 알아채는데, 이때 빛의 속도는 음속보다도 더 빠르다. 이는 빛의 비약적인 특성 때문인데, 가까이서 보면 크게 보이지만 멀리서 보면 작게 보인다. 물속에서 보면 굽어보이거나 오목하게 보이는 것, 그리고 우리가 구름을 멀리서 보면 단단해 보이지만 가까이서 보면 저마다 흩어져 떠돌고 있는 안개들의 입자임을 알게 되는데 이것 역시도 빛의 비약적인 특성 탓이다. 아울러 빛의 삼원색은 빨강·파랑·노랑의 원색임에도 불구하고 사람의 시력은 이들을 가지고 유사성에 따른 연역으로 중간색이 있다는 가정 아래 색깔들을 측정해나가는 것이다. 이런 시각현상은 망막혈관들 속의 핏발선 안구에서 백혈구들이 수정체를 만든 결과물이다.

(c) 세상의 만물은 이름을 가지고 태어나진 않았다. 그러나 사람들이 각각의 물건을 구별 짓기 위해 물건에 이름표를 만들어 놓고, 인간들은 세계를 기호의 모형화로 변형시켜 놓았다. 컴퓨터의 원리로 생각해야 이해가 쉬운데, 반도체에 들어있는 칩은 인간 뇌 속의 해마와 같은 역할을 한다. 이 칩은 컴퓨터를 사용하기 위해 만들어낸 프로그래밍언어들이 들어있는데, 수학에서 이용되는 형식언어인 가공언어들이다. 예술언어 또는 에스페란토언어와 같은 국제어도 이에 속한다. 따라서 언어가 사고를 결정짓는 게 아니고, 다만 뜻을 전달하기 위해 인간들이 서로 약속으로

만들어놓은 것들이기 때문에 말에는 고정된 의미란 없다. 다만 사람들이 은연중에 고정된 의미라 생각하고 언어에서 사고가 만들어졌을 것이라 여기고 있을 뿐이다.

ⓐ 사람이 말을 하기 위해서는 오랫동안의 습득과정이 필요한데, 습득의 시기는 탄생 시부터 만1세까지 이어진다. 이때는 거울신경이 따라 하기의 역할을 담당한다.

ⓑ 아기가 배우고 익힌 것을 세포에 새기려면 골격제조 물질인(P)이 있어야 된다. 인은 화학적으로는 리보핵산·생물학적으로는 엽록소·생리학적으로는 감각이라 부르는 것인데, 문학에서는 느낌이라고 부르는 정서호르몬의 이미지연결체다. 이들은 이마의 전두엽하측부분에 살면서 충동을 조절하고 인내와 끈기로 조화를 이루도록 도와주는 일을 하는데, 여기서 깊이 생각하고 행동의 결과까지 예측하며 장래계획까지 세우게 하는 철학부분의 담당자다.

ⓒ 어떤 사람이 아기에게 가르친다. 〈이 사람이 네 엄마다. 엄마라고 불러봐.〉 그러면 아기는 가리킨 엄마라는 사람을 빤히 쳐다보면서 기억에 입력시킨다. 그러면서 〈엄마〉라는 발음을 하려고 애를 쓰게 될 것이고 끝내는 〈엄마〉라는 발음을 내는 동시에 문법청사진인 기억으로 새긴다. 이 것이 언어방식의 구조다.

ⓓ 어떤 선생님이 부른다. 〈아가씨.〉 그 부름에 현희가 뒤돌아다보며 놀란다. 〈어? 날 보고 아가씨라고 하네?〉 그 말은 현희의 귀를 통해 뇌로 가서 의식이라는 기억으로 정착된다. 그날부터 현희는 생각한다. 나를 보고 아가씨라고 했는데, 아가씨는 어떻게 행동을 해야 하지? 보통의 아가씨는 양가집규수를 떠올리게 된다. 커다란 기와집의 울타리 속

에서 가정교육을 잘 배운 탓에 예의범절이 바른 처녀를 일 컫기에 현희는 결심한다. 나도 그런 교양 있는 여자가 되어야지. 그 후부터 현희는 아가씨처럼 행동하려 할 것이다. 이렇게 다짐하는 것이 바로 자기주도적인 삶을 살기다. 인간의 행동은 외부의 여건에 따르는 것 같지만 실은 내면에 있는 자기의 욕구가 선택해서 모든 일을 시행하는 것이다.

ⓔ 그리하여 모국어는 태어나서부터 만 1세까지 듣고 배운 언어인데, 프랑스의 철학자·정신과 의사·정신분석학자인 자크 라캉(1901~1981)은 그의 명언에서 이런 말을 남겼다. 〈무의식은 언어를 통해 만들어지고, 언어의 명령에 따라 육체는 움직여 나간다.〉

(d) 보통의 아기가 첫 단어를 말할 수 있는 시기는 만 십일 개월이 되어야 한다. 이때까지 아기는 들어서 익힌 소리메시지들을 가지고 단어를 조립해 나가는데 한 단어를 만드는 데는 두 달 정도가 소요된다.

ⓐ 인간은 말하는 인격체다. 뇌에는 기계가 아닌 원자의 배열로 이루어진 유기체인데, 유기체는 일정한 공식이란 없다. 다만 유연성만 존재하기 때문에 뇌의 일부가 상실되면 그것은 곧 원자배열의 순서에 이상을 가져와서 고통이 된다. 다시 말하면 시력상실·언어의 상실·육체기능저하·마비 등이 나타나면서 성격에 변화까지 가져오는데, 인격이라는 자아의식은 언제나 소화시킬 수 없는 것들이기 때문이다.

ⓑ 저자의 손녀 유민이는 걸음마를 떼기 시작하더니 얼마 후에는 뛰어다니기 시작한다. 그때부터 저 나름의 발성연습에 들어가는데, 이때는 말도 아닌 소리 지르기일 뿐이다.

새소리·바람소리·물소리와 같은 자연의 소리여서 옆에 있
던 저자가 유민이에게 가르쳐준다.

〈유민아, 이 사람이 네 엄마다. 엄마라고 불러봐. 엄마.〉

유민이는 제 옆에 있는 엄마를 빤히 쳐다보더니만 처음
에는 〈엄〉자만 겨우 소리를 낸다. 아직은 발음이 되지 않
았으므로 저자가 또 가르친다.

〈엄마.〉

몇 번의 가르침 끝에 유민이는 겨우 〈엄마.〉라는 발음을
한다. 저자가 손뼉을 치면서 칭찬해준다.

〈야, 우리 유민이 말도 잘하네. 박수. 그리고 저 사람은
네 아빠다. 아빠하고 불러봐. 아빠.〉

그러자 한 번의 성공으로 유민이는 두 단어의 말이 가능
해짐을 알고 곧 따라한다.

〈아빠.〉

저자가 또 손뼉을 치며 기를 돋아준다.

〈옳지. 유민이는 말도 참 잘한다. 박수.〉

그 다음엔 가지가 그려진 그림을 가리키며 가르친다.

〈이건 가지다. 가지라고 해봐.〉

이제 두 글자의 발음을 할 수 있게 된 유민이는 신이 나
서 자신 있게 따라한다.

〈가지.〉

이런 식으로 인간은 그림이나 물건의 형상을 보며 언어
로서의 상징을 배워나간다. 〈엄마〉는 나를 낳아주고 길러
준 여자이고, 〈아빠〉는 나를 태어나도록 DNA를 물려준 남
자이며 〈고모〉는 아빠의 여동생이고 〈이모〉는 엄마의 여
동생이다. 그리고 〈내 이름〉은 나를 대표하는 상징어다.

ⓒ 상징이란 기호의 명사다. 어떤 것을 나타내는 조직의 원리
인데, 다른 이름으로는 코드(Code)라고 부른다. 코드의 기
본은 주어진 상황과 연결되는 모든 것의 총칭인데, 이를테
면 부호·증표·표시라는 넓은 의미의 대상들까지다.

■ 〈고양이〉라는 상징에 대하여 살펴보기로 하자. 〈고양
이〉란 단어가 고양이의 형체를 닮지는 않았다. 그리고 각
기 모양새가 다른 고양이들도 많다. 그러나 사람은 그들
을 향해 그렇게 부르자는 약속 하에 〈고양이〉라고 부른
다. 그리하여 〈고양이〉란 말을 들으면 세상의 모든 고양
이모습들을 한꺼번에 다 떠올릴 수는 없다. 왜냐하면 자
신이 알고 있는 고양이 외의 세상 모든 고양이들의 모
습은 본적도 없거니와 알지도 못하기 때문이다. 오직 자
기가 알고 있는 고양이의 모습만 떠올린다. 이렇게 되
면 다른 모양의 고양이이미지들은 자기가 알고 있는
〈고양이〉의 기표 속으로 숨어버리게 된다. 우리가 생각하
는 상징이란 이런 것으로 이미지의 해석일 뿐이다. 원관
념은 숨어버리고 보조관념만 남아있기 때문에 인간은 더
깊이 들어가서 다양한 형식의 비유·환치·비교의 방법들
까지 배워야 된다. 이런 식으로 배워나가는 기억에는 언
제나 배울 때의 특별한 감정이 들어있게 된다.

ⓓ 사람 말소리 기본에는 자음 14개와 모음 10개 도합 24개
의 음도가 있다. 그런데 반음도 있다는 것을 그리스의 철학
자 피타고라스(BC580년~BC490년경)가 무리수를 발견함으
로써 알아내었다. 우리가 부드러우면서도 좋은 소리를 내
려면 횡격막과 폐를 부풀려야 된다. 횡격막이 위로 올라가
면 폐의 호흡이 사라지기 때문에 횡격막을 아래로 내려줘

야 하는데, 숨을 들이쉬면서 횡격막을 아래로 내려주면 목
구멍과 기도가 커지면서 공기가 폐로 들어가는 동시에 복
부는 전구모양이 되도록 하면 된다. 이때 복근은 내쉬기와
들이쉬기로 계속 움직여줘야 된다. 윗니의 하단과 아랫니
의 상단이 살짝 보이는 세로열림의 입술모양을 만들어 소
리를 발하면 이·에·아의 밝은 모음소리가 나고, 입술을 오
무려 동그랗고 작은 원형을 만들면 어두운 모음의 오·우·
어가 발음된다.

ⓔ 발음의 종류에는 성문·치조·경구개·양순·연구개 등이 있
는데, 이때 생겨나는 소리들은 이미 굳어져 있는 것은 아니
다. 어디까지나 유동적이기 때문에 언어에는 유동의 변질
이 아주 크다.

ⓕ 감정의 표현에서 〈사랑해〉라는 억양의 톤이 일정하게 유지
되면 무뚝뚝함의 표시로 감정은 별로 들어가지 않게 된다.
그러나 〈사랑해／〉라며 말꼬리가 위로 올리면 질문이나 애
교 투가 되고, 〈사랑해＼〉라고 말꼬리를 내리면 명령 투가
된다.

ⓖ 우리가 말을 할 때 〈아〉소리와 〈어〉소리는 분명히 소리
의 뜻도 다르거니와 소리의 형태도 다르다. 따라서 아기에
게 들려주는 부드러운 말씨는 감정을 순화시켜서 좋은 성
격의 사람이 되게 해주고, 시끄러우면서도 나쁜 억양의 말
씨를 듣고 자란 아기는 커서도 좋은 성격의 사람이 되기는
힘들다.

ⓗ 아기에게 들려주는 명확한 화법은 좋은 정신세계를 만들어
주는데, 이를테면 〈바보 같은 애.〉란 말을 자주 듣고 자란
아기는 스스로의 생각에 바보로 인식되면서 진정한 바보가

되려고 노력하게 될 것이다. 이에 따라 심리성숙의 주요기준은 모두 가정에서 형성되며 양육자의 손에 달려있다. 양육자가 지배적인 인간이라면 그 밑에서 자라난 아기는 독재적인 인간이 될 것이고, 의존적인 인간이었다면 기생 형의 인간이 되어버릴 것이다. 양육자가 직면을 회피하려고만 들었다면 회피형의 인간이 될 것이며, 적극적인 성격의 양육자였다면 강한 사회형의 인간이 될 것이다.

(e) 생후 18개월쯤에서는 말이 시작된다. 그러나 양육자의 양육법에 따라 말하기가 늦어지는 경우도 많은데, 부모의 어느 쪽이 말이 많으면 말을 빨리 배우지만 아기에게 관심을 두지 않으면 다섯 살이 될 때까지도 말을 자유자제로 못하는 아이도 있다. 그러나 이때부터는 스마트폰 켜기와 유투브 찾기 따위는 터득되면서 혼자 그런 것들을 가지고 보며 놀기도 한다. 이때 누가 제지하면 데굴데굴 굴러가며 떼를 쓰기도 하는데, 이즈음부터는 자기 자신을 지키기 위한 고집이 생겨나서 그렇다. 이때 아이가 장난감을 사달라며 떼를 쓰는 것은 그 속에 또 다른 뜻이 포함되어 있기 때문인데, 이때 아기에게 숨겨진 의도란 장난감이 아닌 엄마의 관심을 끌어서 사랑 받기 위함에 있을 것이다. 육체의 세포는 음식의 영양분으로 성장해 나가지만, 마음을 만드는 호르몬은 따스한 온기로 지탱해 나간다. 그런데 온기로 살아가는 감정은 무엇을 소원하는 게 아니라 무엇이든 즉시 가져버리려는 특성이 있다. 이것은 비정상의 심리를 정상으로 돌리기 위한 인체의 반응이다.

ⓐ 이번에는 저자가 유민이에게 세 글자의 말을 가르치기 위해 창밖의 아파트를 가리키며 알려준다.

〈유민아, 저건 아파트라고 부르는 거다. 아파트라고 해봐.〉

그러나 아직까지 유민이는 세 글자의 발음은 되지 않는다. 그러자 유민이가 흉내를 내려다 소리치고 만다.

〈압.〉

더 이상 하지 못하자 저자가 재촉한다.

〈아~파트.〉

유민이는 따라하려고 노력하지만 잘 안 되면서,

〈압트.〉

하고 만다. 저자가 유민이의 발음을 교정해준다.

〈아~파~트.〉

하지만 그런 발음은 잘되지 않는다. 그때 유민이는,

〈알라라프르아.〉

제 멋대로 얼버무려 떠들어 놓고는 스스로도 어처구니가 없는지 까르르 소리 내어 웃어버리고 만다. 그래도 저자는 계속 가르친다.

〈아파트. 아파트.〉

계속해서 가르치자 결국 유민이는 〈아파트.〉란 발음을 해낸다. 저자가 한껏 유민이를 북돋아준다.

〈아이고, 우리 유민이는 말도 잘해요. 천재야. 천재.〉

하면 유민이는 더 열심히 말을 배워나가게 된다.

ⓑ 이제 두 돌이 지난 유민이는 명사와 함께 동사까지 익혀나간다. 즉 짜다·맵다·달다·싱겁다·많다·적다 등을 사용해서 자기의 의사를 당당하게 표현하면서 요구도 할 수 있게 되었다.

〈엄마, 배가 고파요. 밥 좀 주세요. 그런데 이건 너무 매

워요.〉

또는,

〈할머니는 좋아요. 하브지는 미워요.〉

그런 식으로 좋은 것과 미운 것까지 안다. 그러나 세 글자의 발음은 할 수 있지만, 네 글자의 발음은 잘되지 않아서 〈할아버지〉를 〈하브지〉라고 단축시켜 발음한다.

ⓒ 이런 식으로 만 두 살 정도의 아이는 50개 이상 의미 있는 단어들을 익혀나가지만, 아직까진 말을 자유자재로 구사할 수는 없다. 왜냐하면 아무런 의미도 없이 무조건적으로 받아들였기 때문이다.

ⓓ 신경세포들은 마구 분열시켜 나가면서 우리의 뉴런들은 잠시도 쉬지 않고 연속적으로 시냅스를 만들어 나간다. 이때는 이것저것 따져가며 배우지는 않는다. 다만 여러 종류의 다른 뉴런들과 연결을 지으면서 신경줄들은 많아지는 동시에 굵어지도록 하는 일에만 힘을 쓴다.

ⓔ 그런데 언어는 안개와 같다. 속히 나타났다가 금방 사라지는데 그 이유는 이렇다. 그것은 언어효모정보가 신경세포의 말단에서 분비되어 다른 세포수용체로 들어가면 곧 제거되기 때문이다. 이토록 안개처럼 사라져버리는 것을 잡는 게 바로 기억바이러스다. 그런데 인스턴트식품이나 패스트 푸드식품은 단백질을 활성화 시키지 못하기 때문에 기억력을 떨어뜨린다.

ⓕ 기억은 드라마처럼 생겼다. 이들에는 육하원칙이 들어있는데, 누가·언제·왜·무엇을·어떻게·어디서의 개념화로 입력된다.

ⓕ 만 삼세가 되면 문장에서 현재와 미래에 대한 질문공세를 퍼붓기 시작하면서 눈치 보기가 시작된다. 이때 던지는 질문들은 모두 육하원칙에 따른 것들인데, 이는 단기기억저장소 해마에서 장기보관소인 편도체로 넘기기 위함이다.

ⓐ 유민이가 하늘에 걸려있는 낮의 하얀 달을 가리키며 묻는다.

〈할머니. 저건 뭐야?〉

〈달이야.〉

그러자 유민이는 제가 알고 있던 개울을 건너기 위해 가운데에 얹어놓은 다리를 가리키며 고개를 갸웃거린다.

〈저게 다리인데?〉

저자가 자세히 설명해준다.

〈개울위에 얹혀있는 것은 '다리'이고 하늘에 떠있는 것은 '달'이라고 부르는 거다. 달.〉

이때 손가락으로 가리킨 달은 실재이미지 〈기표〉인 것이고, 소리를 내어 말한 달은 〈기호〉가 된다. 아울러 유민이의 기억에 박힌 달의 모양은 〈기의〉라고 부른다.

ⓑ 에너지의 흐름에는 일정한 원칙이 존재한다. 이런 원칙 때문에 언어나 행동도 에너지에 의존하는데, 이들은 모두 양자파동의 함수들이다. 우뇌에 있는 해마는 1㎝의 길이와 5㎝의 넓이로 되어있는데, 인간기억의 핵심은 모두 이곳에서 처리된다. 따라서 해마가 손상되면 새 기억은 입력되지 않는다. 왜냐하면 시간질서청각차원의 소리파장과 시각정보영상이미지를 연합시켜서 입력시키는 곳이 바로 장소세포들이 저장되어있는 해마이기 때문이다.

ⓒ 유민이가 울고 있는데, 엄마가 묻는다.

〈왜 울어? 어디 아파?〉

유민이가 배를 가리키며 대답한다.

〈배가 아파요.〉

유민이는 그렇게 대답했을 뿐, 어느 정도 아픈지에 대한 세세한 증세까지는 설명을 하지 못한다. 아직까진 배움이 미숙한 탓이다. 배움이 미숙하다는 것은 세로토닌호르몬이 적다는 증거인데, 세로토닌호르몬이 부족하면 분노가 형성되면서 대부분의 에너지들은 해마에 몰려들어서 충동적이도록 만들어버린다. 세로토닌호르몬의 양이 적절해야 에너지정보들은 모두 편도체로 가서 도덕적인 사람이 되도록 만들지만, 그렇지 못하면 배움은 계속되어져야 한다.

ⓓ 유민이가 감기에 걸려 기침을 많이 한다. 목에서는 말을 할 때마다 쇳소리가 나왔는데, 이를 안타깝게 여긴 저자가 유민엄마에게 당부한다.

〈물을 많이 먹여라. 기침이 나오는 것은 몸에 수분이 부족하다는 신호야. 물을 많이 먹여야 돼.〉

그러자 유민엄마가 짜증을 낸다.

〈먹지 않는 것을 어떻게 강제로 먹여요?〉

저자가 천천히 설명해준다.

〈유민이에게 알아듣도록 설명을 해 줘. 기침이 나는 것은 목이 마른 것이니까 물을 많이 마셔야 된다고.〉

이때 옆에서 듣고 있던 유민이가 얼른 뛰어가더니 물통을 집어 들고 벌컥벌컥 물을 마신다. 유민엄마가 소리친다.

〈어머나! 유민이가 말귀를 알아들었나 봐요. 물을 아주 잘 마셔요.〉

칭찬을 해주니 유민이는 신이 나서 물통속의 물을 다 마셔버린다.

ⓔ 유민이가 앵무새를 보며 묻는다.

〈할머니, 저게 뭐야?〉

저자가 대답해준다.

〈응. 앵무새야.〉

그러면 유민이는 고개를 끄덕이며 반복해서 따라 한다.

〈응, 앵무새구나.〉

고개를 끄덕이는 동시에 앵무새형태이미지는 세포에 달라붙으면서 알겠다는 긍정의 표시를 한다. 이때는 호르몬들이 상상이라는 생각을 만드는데, 이미지표현기술에는 세 가지가 있다. 그것은 습관화기술·차별화기술·억압화의 기술이다.

ⓕ 습관화기술이란 익숙한 것은 가볍게 무시한다.

ⓖ 차별화기술이란 중요하다고 여기는 것만 기억하고 나머지는 흘려버린다.

ⓗ 억압화의 기술이란 괴로운 기억들은 모두 삭제시키려 한다.

ⓘ 이미지란 단어는 폴란드계의 프랑스 철학자 앙리 베르그송(1859~1941)이 만든 말이다. 그는 『물질과 기억』이란 책에서 형체의 그림자·정신·이념을 뜻한다고 하였다. 어떤 것을 닮았거나 본 듯한 인상의 에이콘으로 상상의 환영인데, 상상의 환영이란 상징이 제일 먼저 알게 된 경험과 현재의 상황을 결부시켜서 또 다른 생각을 하게 되는 일이다.

ⓙ 이때 상상의 환영들은 생각한다. 이것을 일반화시킬 것인가? 삭제할 것인가? 왜곡시킬 것인가? 이를 결정짓는 과정에서 기억의 특징은 서로 관련 있는 정보들끼리 들만 묶으려는 성질이 있다고 하였다. 이것이 기억의 자율성인데, 문

학적 표현으로는 자유의지라고 부른다. 이런 자유의 지속성 때문에 어떤 것은 스스로 속이는 일도 생겨난다. 따라서 사람이 기억하는 모든 것들은 다 진실하다고 말을 할 수는 없다. 그리고 이런 속성 때문에 사람은 언제든지 자기가 보고 싶은 것만 보고 듣고 싶은 것만 들으려 한다.

ⓚ 이런 식으로 마음의 원천이 되는 뇌량구조의 완성은 만 5세 정도에서 이루어진다. 지금까지 아기들은 할아버지와 할머니가 하던 언어나 행동들을 아버지나 어머니에게 전수되었고 또 그런 사항들을 전수받은 부모가 하던 방식대로 살아가기 때문에 모국어의 개념에는 그 시대의 문화·풍토·유행·가치관·정치규범들이 모두 내포되어 있게 되는데, 이때 화내는 일에 길들여졌다면 다혈질의 사람이 될 것이고, 억눌림으로 주눅이 든 채 자랐다면 자신감과 용기가 없는 연약한 사람이 되는 것은 당연한 이치다.

② 뇌량이 하는 일

ⓐ 인간에게는 두 개의 뇌가 있다. 하나는 우뇌이고 또 하나는 좌뇌이기 때문에 인간의 머리를 가리켜 두뇌라고도 부른다.

ⓐ 우뇌는 우측에 있는 뇌. 심장과 직접 연결된 동방결절이라는 곳과 직통되어 있어서 우리 몸의 일을 주관하고 있기 때문에 감정뇌라고도 부른다. 이를테면 뇌의 상황들에서 열을 심장으로 보내면 심장은 죽을 것 같다는 공포심이 만들어진다. 이 공포심은 슬픔과 초조의 마음이어서 열을 발산시키기 위한 인체의 반응인데, 이때는 큰 한숨을 쉬도록 해서 심방세동을 열심히 뛰게 만든다. 이는 혈액 속의 염분과 수분이 평행을 이루지 못해서 열이 발산된 탓이다. 이런

증상을 우뇌에서는 다른 장기들로 명령을 내리는데, 간에게는 〈빨리 당을 분해해.〉라며 분노케 하고, 비장에서는 근심과 걱정을 하도록 한다. 소장에서는 〈잠시 활동을 멈춰.〉라는 지시가 내리면, 폐에서는 피부를 수축시켜라. 그런 다음 신장에서는 노폐물들을 내보내라고 재촉한다. 이런 과정으로 호르몬들은 육체를 관리해 나가기 때문에 우뇌를 일컬어 질문의 세계라고도 부른다.

ⓑ 좌뇌는 우뇌에서 전달된 감정들을 수학적인 계산으로 풀이해주는 곳이므로 답의 세계라고 부른다. 인생들에 대한 답을 제공하기 위해 좌뇌에는 언어를 담당하는 베르니케영역과 브로카영역이 나란히 붙어있다.

ⓒ 그리하여 인격자란 자기 스스로의 선택을 인정하면서 그에 대한 책임을 질 줄 아는 사람을 일컫는데, 즉 결심을 했다면 결심한 대로 실천하는 사람을 말한다. 이런 인격자가 되느냐 마느냐는 절대적으로 뇌량이 이 일을 맡고 있는데, 뇌량이 위치한 곳은 우뇌에서 좌뇌로 가는 길 사이에 있다. 뇌 속에서 가장 큰 신경섬유다발로 그 크기는 약 10㎝나 되는데, 이곳 뇌량에서 눈빛은 조정되고 얼굴표정이 만들어지며 행동하도록 부추기는 곳으로 보인다. 왜냐하면 뇌량의 신경이 끊어져도 밥 먹는 일과 걷는 일에는 아무런 지장도 주지 않기 때문이다. 다만 정신이 몽롱해지면서 근거 없는 공포에 사로잡히거나 헛것이 보이는 환시·환청·환각의 증상들이 나타났다가 정신착란을 일으키기도 한다.

ⓓ 뇌량을 잘라내고 왼쪽 눈에 물건이름을 적은 글씨를 보여주면서 해당 물건을 고르라고 하면 단어는 읽지만 물건선택은 하지 못하였다고 한다.

ⓔ 뇌량을 다른 이름으로 변지체 또는 뇌들보라고도 부르는데, 우뇌의 정보를 좌뇌로 보내는 다리역할을 하고 있어서 문지기라고도 부른다. 대뇌피질 아래 시상·시상하부·송과체들과 함께 존재하는데, 이들 속에는 이억 개 정도의 신경들이 전선줄처럼 정교하게 이어졌다.

ⓕ 눈치 없는 사람은 뇌량의 기능이 저하된 탓에 고집이 세면서 남의 일 따위에는 관심도 없다. 그러나 눈치가 빠른 사람은 뇌량의 기능들이 활성화 되어있으면서 신경의 줄들도 굵었다. 인간 1.6kg의 뇌 속에는 10^{15}에 해당되는 튜블린이합체들이 들어있으면서 이들은 각기 초당 10^7번을 작동하고 미세소관망은 초당 10^{24}번을 작동한다. 이들은 둘 이상의 에너지를 하나로 만들 수 있는 능력이 있으므로 이런 일을 일컬어 함축이라고 부른다. 이를테면 어머니 같기도 하고 누나 같기도 한 알쏭달쏭한 상황의 표현 같은 것들인데, 이런 경우는 언제나 확실한 상황은 아니기 때문에 어떤 사람이 한 가지 고통을 피한다면 또 다른 고통이 찾아오게 되는 것과 같은 것들이다. 그 때문에 기분을 한껏 끌어올리려고 하면 할수록 불안은 더 커지는 현상이 나타난다. 그러니까 뇌량의 신경줄들이 굵으면 굵을수록 좌우의 정보들이 잘 흐르면서 상황판단능력도 월등해서 복잡한 문제를 푸는 능력도 강하였다. 그리하여 말귀를 잘 알아들으면 사회적응자인 것이고, 말귀를 알아듣지 못하면 부적응자라고 부른다. 따라서 아인슈타인의 뇌는 일반인들의 뇌보다 0.4kg이나 작으면서 가벼웠지만 뇌량의 세포숫자는 일반인들보다 73%가 더 많았고 두정엽도 컸는데, 이것의 증거는 1955년 미국의 시카코대 대학원생이던 로널드 마이

어가 찾아냄으로써 인간의 똑똑함은 뇌의 크기와는 상관없이, 뇌량의 신경망들이 얼마나 정교하게 잘 짜여 있느냐와 신경줄들이 얼마나 굵은가에 달려있다고 한다. 또한 여성의 뇌량이 남성보다 10% 정도가 더 두껍기 때문에 여성에게는 우월한 감성능력이 부여되어져 있다고도 한다.

⒝ 인간의 뇌에는 100조 개가 넘는 시냅스들이 살고 있다. 이들 속에는 거울신경시냅스들이 살고 있으면서 한 살쯤에서 그 구조가 완성된다. 이들은 계속적으로 듣고 보고 익혀나간 것들을 가지고 귀는 성장하면서 청취할 수 있는 주파수영역을 올리지만, 이미지시력의 차원에서는 공간개념으로 멈춘 상태에 있다. 청각의 차원에서는 흐르는 상태이고 이미지차원에서는 멈춘 상태이기 때문에 멈춤과 흐름의 간격들은 서로 엇갈리면서 음소의 규칙별로 배열시켜 나가면서 기호라는 개념이 정립된다. 이때의 개념은 코드화 또는 자기화인데, 패턴·색체·형태·위치·동작·못생김·아름다움·낯선·친숙·따분·황홀 등의 느낌이 만들어지면서 우뇌의 망상 체에 저장시켜 놓는다. 이런 정보들이 좌뇌로 가는 중간에 뇌량이 있는데, 여기에서 호르몬들이 하나하나 정리를 해나간다.

ⓐ 해마에는 실물의 앵무새이미지와 언어파장소리인 앵무새를 결합시켜서 저장해 놓는다. 이것이 일반기억이다.

ⓑ 호르몬은 모르스부호처럼 생겼다. 모르스부호란 점과 선으로 이어진 기호인데, 이들은 마구잡이식의 배열을 고수하고 있다. 질서가 없기 때문에 모호함의 정보들인데, 이들을 가지고 질서정연하게 정리정돈 하는 일을 코드화 또는 자기화라고 부른다.

ⓒ 이런 것들이 모두 해마에 간직되어 있다가 앵무새와 비슷한 것이 나타나면 해마 속에서 꺼내어 대조를 해 보는 곳이 뇌량이다.

ⓓ 그리하여 뇌량에서는 상기의 일을 하는 장소다. 상기란 생각이 난다는 의미로, 이를테면 레몬을 먹었더니 몹시 시어서 진저리가 났었는데, 다음날에는 그저 레몬을 보았을 뿐이다. 그런데 어제 맞본 레몬의 신맛이 떠오르면서 입안에서는 침이 고였다. 이런 현상이 상상의 기초다. 다른 예로, 뜀뛰기를 생각해보자. 전에 뛰다가 돌에 걸려 넘어졌는데, 발이 몹시 아팠다. 그런데 선생님이 뛰라는 명령을 하면 전에 넘어졌던 일이 떠올라 동공은 넓어지고 심장박동까지 빨라지면서 뜀뛰기가 어렵다고 느껴져서 뛰기가 싫어진다.

ⓔ 또 다른 예로, 눈을 감고 북극곰을 떠올리려 해보자. 그러면 상상의 유리기들은 곧장 우리 몸 속 어딘가에 숨어 있는 북극곰의 기억을 찾아낼 것이고, 곧 이야기를 만들어낼 것이다. 이런 원리를 이용해서 AI인공지능은 사람의 뇌를 본따서 로봇을 만들었다.

ⓕ 이런 상상놀이의 대표적 예가 꿈꾸기다. 꿈은 낮에 보았거나 오래 전에 들었던 모든 자료들을 동원시켜서 저 나름대로 꼬이거나 엉킨 문제를 해결지어 보려고 호르몬들은 노력한다. 이것이 생리적인 반응인 상기인데, 상기는 현재의 일에다가 이미 있었던 일들인 청각정보나 시각정보의 비슷한 것들을 즉각 찾아내어 연합시켜서 떠오르게 하는 일이다. 상기는 만 5세까지 만들어진 지각의 바탕 위에서 허용된 놀이들이다.

ⓒ 사람은 대체로 만 5세 이후부터 꿈을 꾸기 시작하는데, 지능이 빠른 사람은 예외가 있긴 하다.

    ⓐ 자연의 원리에서 어긋나면 그것을 바로잡기 위해 호르몬들은 상상으로서의 꿈을 만들어낸다.

    ⓑ 왜냐하면 비틀렸거나 엉킨 생각은 병의 원인으로 작용하게 되고, 한 번 망가진 인생은 다시 되돌리기란 쉽지 않기 때문이다. 즉 병들기는 쉬워도 치료가 어렵다는 의미인데, 이때의 치료란 병이 들게 된 원인을 찾아 그 원인을 제거해주면 된다.

    ⓒ 지렁이도 밟으면 꿈틀거린다. 하물며 사람인데, 누구든지 건드리면 화가 나는 것은 기정사실이다. 그리하여 타인으로부터 지나친 간섭을 받으면 열기가 솟구치게 되는데, 이런 것들이 스트레스라는 긴장감이다. 이런 감정들은 모두 좌뇌로 보내져서 말이나 행동으로 풀어내야 되는데, 그러지를 못하고 엉켜있으면 교감신경에서는 아드레날린·노르아드레날린·부신피질호르몬들을 마구 분비시켜 신경은 혼란에 빠지면서 머리가 텅 빈 느낌이 되어 바른 생각은 할 수 없게 된다. 가쁜 호흡과 가슴이 조이는 증상이 오면서 목이 눌려지는 기분이 된다. 이럴 땐 정확한 예측은 할 수 없지만 무슨 일이 일어날 것만 같은 예감에 사로잡히는데, 이렇게 되면 이성을 잃은 나머지 난폭해져서 소리를 지르거나 거리를 뛰어다니는 행동까지 하게 된다. 앞으로 무슨 짓을 할는지 모르는 상황에 이르다가 몸이 완전히 마비되면 움직일 수도 없게 되지만, 심장에는 아무런 이상이 없다. 다만 죽을 것 같은 두려움 때문에 심장의 박동 수는 증가되면서 공포에 사로잡히게 된다. 이때 폭력과 같은 두려

운 대상이 외부에 있다면 공포심이 되고 내부에 있다면 공황장애로 나타나는데, 이런 것들이 혼란이미지의 고집이다. 따라서 고집은 신경줄이 꽉 막힌 현상의 이름인데, 이런 혼란이미지들은 정신병의 근원이 되는 것들이다. 무슨 일이든 안 되는 일을 강제로 되게 하려하면 문제는 발생된다.

(d) 이를테면 어떤 사람이 〈저 애는 왜 늘 저 모양이냐? 바보 같잖아.〉 이렇게 말을 했다면 말한 장본인이 얼마 후에는 자신이 발설해 낸 말대로 바보처럼 행동하게 될 것이다. 왜냐하면 뇌량에서는 언어의 명령에 따라 행동하도록 되어있어서 그렇다. 예를 들어 골프를 칠 때도 〈넌 오버스윙을 하고 있다. 그러니까 고치란 말이다.〉 그렇게 말을 하고 나서 얼마 후에는 자신이 오버스윙을 하고 있음을 깨닫게 될 것이다. 이렇듯 인간은 자신의 입으로 발설한 말대로 행동도 따르도록 되어있다.

③ 심리의 공식

(a) 사람은 유년기인 삼 세부터 칠 세까지는 친구들과 사귀면서 사회성을 익혀나가는 시기이기 때문에 이때부터는 부모나 양육자보다 같은 또래의 친구들을 선호하게 된다. 따라서 이 시기에 자신의 내적특질을 제대로 발휘하지 못하면 자발성이 상실되어 성인이 된 후에도 자신의 내적세계와 외부세계를 제대로 통합시키지 못하게 됨에서 사회가 요구하는 역할에 동조하기가 힘들어진다. 그렇게 되면 방어메커니즘이 생겨나는데, 가해지는 억압을 용납할 수 없음에서 밀어내고자 하는 감정이 바로 방어메커니즘이다. 자신을 보호하려는 감정이기 때문에 불쾌감으로 나타나

서 삐치기를 잘하는데, 이는 거울신경의 확장성 때문이다. 거울신경에는 상상하도록 부추기는 아세틸콜린이라는 3차원단백질이 있다. 이 단백질이 에너지속도를 조절해주는 독성물질 아드레날린과 노르아드레날린호르몬을 만드는데, 이들이 근거 없는 확신을 갖도록 해주면서 신체의 고통을 해소시켜주는 일을 한다. 골격근을 지배하는 뉴런과 심장박동을 조절하는 뉴런에서 많이 방출되는데, 세포를 흥분시켜 활동적이게 하지만 너무 많이 분비되면 쓸데없는 공상을 부추겨서 망상하도록 한다. 아세틸콜린이 하는 일들은 다음과 같은 것들이 있다.

ⓐ 부인

부정이라고도 불리는 원초적인 방어기제인데, 무서운 장면을 보면 자동적으로 눈을 가리게 한다. 전혀 받아들일 수 없다는 생각에서 우러난 행동인데, 자신에게 닥친 위험을 믿으려 하지 않으면서 불안을 회피하려는 마음이다. 현실의 위험이 크면 받아들이기 어려워서 위험 자체를 부정해 버리는데, 이러다가 감당할 수 없는 현실에 직면하게 되면 인간은 사실 자체를 부정함으로써 마음에 평정을 얻으려 한다.

ⓑ 분열

길을 가면서 엉뚱한 생각을 하면 다른 길로 가게 되는데, 이것이 분리다. 이로 인해 이러할 땐 이런 사람이 되고 저러할 땐 저런 사람이 되는 경우를 분열이라고 한다.

ⓒ 투사

부모에게 야단맞고 엉뚱하게도 애꿎은 인형에게 화풀이를 해대는 경우인데, 동대문에서 뺨맞고 남대문에서 화풀이를 하는 경우다.

ⓓ 저항(강박 또는 대항)

　　말하기가 곤란하면 피하고 싶어지는 반응인데, 어린 아
이가 어른에게 대드는 경우가 이에 속한다. 여기에는 그럴
만한 이유가 존재하는데, 저항은 환자 스스로가 만든 기제
다. 평안한 마음에서는 생각이 끝없이 흘러가지만, 호르몬
이라는 생각이 그러지를 못하면 그 속에는 저항의 마음이
들어있어서 그렇다. 저항은 어린 시절의 갈등이나 콤플렉
스에서 나타나는데, 그 종류는 다음과 같은 것들이 있다.

■ 억압 저항: 고통을 받지 않으려고 욕구를 눌러버리는 경
우인데, 예를 들어 착한 딸로 위장하는 일이다. 착하진 않
지만 착한 척을 한다면, 자신 속에 내재해 있는 성난 아이
의 모습을 찾아내어 다독여주면 곧 치유된다.

■ 이드 저항: 혼자 있는 것이 두려워서 아픈 척을 하면 이것
이 나중에는 집착이나 강박으로 나타난다. 매를 맞으면서
자란 아이는 폭력적인 남편을 선호하게 되고, 강간당한
여인은 꿈마다 강간당하는 꿈을 꾼다. 이는 마술에 걸린
사람처럼 나쁜 일인 줄 알면서도 같은 일을 반복하게 되
는 경우다.

■ 초자아 저항: 스스로 못났다고 여기거나 자격 없는 인간
이라고 저평가를 해서 성공을 두려워하게 되는 경우다.

■ 전이 저항: 어려서 본 사람과 현재의 사람을 동일시 여기
려하는데, 여기서의 전이는 과거의 일들이 현재에 나타나
는 것을 일컫는다.

ⓔ 퇴행

　　어린아이 짓을 하면서 자꾸 어린 시절로 돌아가고 싶어
한다.

ⓕ 격리

감정이 억압되어져 있기 때문에 느끼지 못해 말은 할 수 없지만, 고통스러웠던 사실만은 기억하고 있으므로 공격적인 성향으로 나타났다가 강박장애가 오는 경우다.

ⓖ 지식화

격리보다는 발달된 단계인데, 어떤 것을 경험하려 하는 마음 대신에 그것들에 대한 생각만 자꾸 하려 한다.

ⓗ 동일시

하나를 얻든지 아니면 하나를 버려야 될 경우, 거짓말을 만들어 내거나 공격자와 동일시하려 한다.

ⓘ 왜곡 또는 농축전위

말을 못하는 아기들은 떼를 쓰면서 우는데, 이렇게 하는 것은 속내에 다른 뜻이 내포되어 있기 때문이다.

ⓙ 공상

자신의 내면은 보려하지 않으면서 엉뚱한 데 관심을 두려하기 때문에 자신의 감정이나 느낌은 찾아낼 수 없는 상황이다.

ⓚ 전향

공격의 대상을 자신에게로 향하는 경우를 일컫는다.

ⓛ 침묵

말을 하면 비난을 받을까봐 입을 다물어 버리면서 문제의 핵심이 드러나려 하면 혐오감으로 나타난다. 자신의 안전을 위협한다고 생각하거나 양심의 가책이 느껴질 때 갈등을 회피하려고 시행하는 형태인데, 인간은 변화를 싫어하기 때문에 생각의 정리를 위해 침묵하는 경우도 있다.

ⓜ 미움

비교의식에서 생겨난 감정으로 열등감에서 태어난 마음이다. 미움이 생기는 것은 혈액의 흐름 어딘가가 막혀 있다는 증거인데, 꽉 막힌 감정이기 때문에 자기의 잘못은 생각하지도 않고 남의 탓만 일삼다가 끝내는 원망으로 이어지기 일쑤다. 미움의 마음이 자라면 분노로 돌변하기 때문에 이런 마음이 있다면 접근방식부터 바꿔야 된다. 성경에서는 나쁜 영의 우두머리로 사탄(Satan)이라고 부르는데, 자신의 내면에 들어있는 미움의 감정은 모놀로그(monologue, 독백)적인 세계를 창조해 놓기 때문이다. 타인을 이해하려 하지 않고 오해를 해서 타인을 죽이고 싶어 하지만, 결국에는 자기 스스로를 죽이는 일이 된다. 사소한 것을 크게 보이도록 해서 타인을 굴복시키려 드니 혈압은 상승되고 맥박도 빨라지면서 위는 수건을 강하게 짜는 느낌이 되어 심장의 혈관내벽이 손상되기에 이른다. 미움이 자라나면 화가 되는데, 이때 하는 일마다 안 된다면 가슴에는 불덩어리들만 쌓이게 되니 이런 독소들이 계속 축적되면 인체는 정상기능도 할 수 없게 된다. 따라서 미움의 감정은 꾸짖는다고 고쳐지는 것은 아니고, 사랑의 말로 다독여서 부추겨주면 된다. 왜냐하면 미움의 감정은 자꾸만 새끼를 쳐서 시기와 질투 외에 광분까지 일으키는 요소이기 때문이다.

(b) 만 6세 이후 초등학교에 들어가면 사람은 하루에 20여 개의 단어들이 습득되면서 8,000내지는 14,000여 개의 단어를 알게 된다. 그리하여 언어를 통한 어휘력·이해력·분석력·집중력·종합능력들을 배워나가게 되는데, 관심의 확대는 사회로 눈을 돌

리도록 하기 위함이다. 따라서 라디오 청취·드라마 보기·영화 보기·소설 읽기·여행 등의 다양한 경험이 요구되며 이런 것들은 모두 상상의 자료로 사용되는데, 이들은 모두 꿈의 원천인 동시에 예술 활동의 근거가 된다. 그런데 이 시기에 큰 스트레스를 받으면 주파수영역에 커튼이 내려지면서 청각성장이 멈추어서 들을 수 있는 귀를 막아버리게 되고 께름칙한 기분은 자발성을 상실케 해서 자신의 내적 특질을 표현하지 못하도록 만들어버린다. 그리하여 사회가 부과하는 역할에 동일시를 이루지 못하면서 제 멋대로 행하는 전이·투사·동일시·강박·저항으로 발전되기에 이른다. 정신의 발달과정에서 아픈 사람의 특징은 자신의 감정을 솔직하게 털어내지 못한데서 비롯되는데, 다음과 같은 마음들이 생겨난다.

ⓐ 불편

　솔직하지 못하다는 것은 항상 어떤 기분에 사로잡혀 있다는 증거다. 이런 사람들은 여럿이 있을지라도 항상 외롭고 고독한데, 누군가 자신의 앞을 가로막고 있다는 느낌 때문에 한 발짝도 앞으로 나가지 못하면서 쾌감을 느껴보려고 다른 연약한 사람에게 난폭하게 굴거나 명령만 내리기 일쑤다. 그러함에서 사람들과는 자연적으로 멀어지게 되고 생각의 단절이 생겨나는데, 인간은 누구든지 자발적으로 생각해서 결정을 내려야 속이 시원해진다. 그런데 그러지를 못하고 누군가의 강요가 있으면 의식에는 결핍이 오는데, 결핍은 마음에 께름칙함을 만들기 때문에 불편함이 된다. 강렬하지 않은 감정으로 무엇인가 잘못되어 가고 있는 것 같은 찜찜한 기분인데, 지금의 상황이 원하는 방향으로 가지 않는다는 느낌만 잔뜩 남아있다. 이런 사람에게는 지속적인 사랑의 온정을 베풀어주면 불편은 사라지고 경계심도 없어진다.

ⓑ 갈등

이러지도 못하고 저러지도 못하는 상황의 마음이다. 습관적인 경험들에 다른 정보가 유입되면 뇌량에서는 이것들을 쉽게 받아들이려 하지 않게 되면서 어리둥절해 한다. 이때는 자기존중감이 사라졌기 때문에 감정은 남의 눈치를 보게 되는데, 이런 갈등의 치료법은 자기만이 옳다고 여기는 생각을 버리면 된다. 남의 의견도 받아들이려는 마음이 갈등을 해소시켜준다.

ⓒ 불안

세상에 이유 없는 불안이란 없다. 다만 본인만 모르고 있을 뿐이다. 마음이 불안하다면 우선 그 근거부터 찾는 연습이 필요하다. 불안의 근거를 찾아서 구체화시켜주면 불안은 해소되는데, 불안이란 남에 대해 비판만 일삼다가 자신의 모순이 해결되지 않으면 심리가 안정을 이루지 못함에서 생겨나는 증세다. 몸속의 코르티솔분비량이 차츰 증가되면서 피에조그(piezoz)단백질이 생성되었다는 표시인데, 피에조그단백질은 살아있는 것들 중에서 가장 작은 소립자의 값싼 지방으로 단백질의 사료원이다. 포유동물의 젖에 들어있는 이당류 중의 하나로, 단독으로는 생존이 불가능하지만, 이것이 유전정보를 변형시키는 능력이 있고 몸의 성장을 촉진하는 촉진제로 쓰인다. 우리의 몸속에 피에조그단백질이 너무 많으면 활성산소인 독성으로 변하고, 적으면 결핍으로 나타난다. 콜라겐의 유리기로 흡수미분자여서 매우 불안정한 상태에 있기 때문에 무슨 일이든 과대로 추측해서 겁에 질리도록 만들어주는 물질이다. 따라서 불안감을 없애려면 희망메시지가 있어야 되는데, 불안감소작용제인 가바수용체를 먹으면 불안감은 사라진다. 그러나 이런 약물은 일시적인 처방에 불과하다. 불안에서 자라는 불안증은 어린 시절에 들은 충격적인 말이 분리불안을 조성시키는데, 이런 감정을 그때그때 치료하지 않으면 서른 살이 지나도 어린 시절의 심리에 머물러 있게 된다. 켜켜로 쌓여진 이 불안감은 나중에는 위궤양을 만든 다음 암으로 발전될 수 있다. 따라서 이를 방지하기 위하여 뇌를 활성화시켜줘야 하는데, 그러려면 운동·책 읽기·바둑·장기 두기 등을 하면 불안감은 사라진다.

ⓓ 긴장 또는 스트레스

이런 감정은 노예적인 삶에서 오는 무보수나 무시당함 또는 단순노동의 지루함에서 비롯되는데, 갇혀서 살아가는 환경이 자유로운 영혼에 대한 열망에서 나타나는 감정이다. 주로 마그네슘부족현상에서 나타나는 증세인데, 마그네슘이 부족하면 자율신경은 저하되면서 상대가 느끼는 감정과 자신이 느끼는 감정이 다르면 왠지 모르게 화가 치솟게 된다. 이때 화를 내면 낼수록 스트레스는 더 가중되는데, 상실의 감정에서 나타나는 분노여서 그렇다. 아드레날린의 분비가 많아지면서 생기는 증상으로, 외부에서의 자극적인 책망의 말이나 저주의 말 또는 비하적인 말을 들으면 교감신경은 과도하게 활성화되면서 상처를 받는 느낌이 된다. 아울러 약속을 지키지 않았다든지 기대가 어긋난 경우에도 친밀감은 사라지면서 불신의 마음이 생겨 화가 난다. 이렇게 되는 것은 자기를 보호하려는 방패막으로 사용하려 하기 때문인데, 인체가 이런 식으로 긴장되면 목 주변의 근육부터 뭉치다가 두통·가슴통·어지러움·소화불량·복통·설사·변비·감기·천식·비염·불면증·신경통이 되었다가 끝에 가서는 정신이상을 초래할 수도 있다. 주로 스트레스는 몸에 해로운 소리자극이나 물질자극들이 쌓여 근육들이 뭉쳐지는데, 이때 뭉친 근육들을 풀어주지 않으면 우울의 감정으로 변한다. 물질의 압박·언어의 억압·과로 등은 체내에 부신피질자극호르몬을 증가시키는데, 이들 부신피질자극호르몬인 코르티솔과 아드레날린은 교감신경을 흥분시켜 스트레스를 받도록 한다. 스트레스의 실험에서 사람을 의자에 묶어 놓고 눈과 귀를 막은 다음, 오랜 시간을 그대로 놔두면 살아보려는 몸부림에서 정신은 분열현상이 나타나는데 이때 환각제를 투여해도 정신은 분열된다. 치료법에서 화가 날 때는 이렇게 하면 된다. 즉 남이 나를 어떻게 생각하느냐는 그리 중요하지가 않다. 중요한 것은 나 자신을 어떻게 다스릴 것인지의 문제인데, 몸에 스트레칭을 해줌으로써 산소를 많이 공급해주거나 심호흡·수다 떨기·산책하기로 몸속 활성산소를 제거해 줘야 한다. 더 나은 치료법으로는 부교감신경을 자극시켜주면 되는데, 호흡이나 맥박수를 저하시키려고 눈물을 흘리면 더 빨리 치료된다. 울거나 깔깔깔 웃으면 옥시토신과 엔도르핀이 증가되는데, 눈물이 나지 않거나 웃음이 나지 않는다면 슬픈 영화를 보거나 슬픈 소설 따위를 읽어서 감정에 감동을 줘야 한다. 참고로 사자나 개는 아드레날린의 분비샘이 많아서 그 수명은 15년밖에 안 되지만, 악어는 아드레날린 분비샘이 적어 그 수명은 50년이나 된다고 한다.

ⓔ 공포 또는 두려움

　긴장의 연속으로 볼 때 불안은 삶의 방편에서 일종의 자극제가 되는데, 왜냐하면 자신을 살리기 위함에서 시작된 마음이기 때문이다. 그러나 이런 불안 증세를 그대로 방치하면 나중에는 공포로 나타나게 되는데, 이렇게 되는 것은 혼자 자신을 잘 조절하는 사람으로 남들에게 보이려고 가장했기 때문이다. 주로 공포는 이별이나 상실에 대한 불안까지 동반되는데, 천재지변·질병·전쟁·언어폭력 등이 가해지면 더 빨리 나타난다. 불편함이 자라나서 형성되는 감정이기 때문에 심각하지 않은 걱정·심한 불안·겁에 질린 마음도 이에 속하는데, 앞으로 나갈 일에 대하여 적절하게 대응하지 못할 것이라는 느낌의 감정이다. 뿌리 없는 공허인데, 무엇인가 항상 잡아당기는 느낌이 존재한다. 치료법으로는 두려움을 이겨보려는 극복으로서의 도전을 추천하지만, 감사하는 마음을 갖도록 하는 일이 더 효과적이다. 이런 경우에는 동식물이 베푸는 적극적인 고마운 마음의 표현으로 역설적 변환을 시켜주면 효과적이다.

ⓕ 실망 또는 좌절

　원하는 게 있지만, 절대로 가질 수 없다는 생각에서 태어난 마음이다.

- 저자의 경우, 엄마가 여덟 살짜리 저자를 버리고 다른 남자에게 재가를 하였다. 엄마가 너무 보고 싶은 나머지 열에 들떠서 엄마, 엄마하면서 비몽사몽간에 엄마를 찾았다. 급히 연락을 받은 엄마가 달려왔지만, 저자가 기대하던 엄마는 이미 아니었다. 적어도 저자가 원했던 것은 품에 꼭 안아주면서 다독여주기를 바랐지만, 엄마는 그러지

않았다. 저자를 데리고 있던 작은 엄마에게 약이나 먹이라 해놓고 가버리는 거였다. 그때의 버림받은 기분은 너무나도 끔찍했다. 엄마로부터 버려졌다는 마음이 저자를 몹시 실망케 만들었다.

■ 정남이는 혼자 외롭게 남아서 이웃 할머니의 도움을 받으며 살고 있었다. 그러다 엄마가 어디 있는지 알게 되어 엄마를 찾아갔는데, 엄마가 그러더란다. 〈나는 너를 데리고 살 처지가 못 된다.〉 그 말을 들은 정남이는 절망되어 죽어버릴까도 생각했었단다. 이런 인생 살아서 무얼 할까? 하는 마음뿐이었단다.

ⓖ 방황

버려졌다는 느낌뿐이어서 아무도 믿지 못하면, 더 이상은 속지 않겠다는 선입견 때문에 고집은 세어지면서 사는 이유까지 잊어버리게 된다. 사는 이유를 모르니까 그 이유를 찾아 정처 없이 떠나지만, 어디에도 그런 곳은 없기 때문에 현실은 너무 버거워서 감당도 못하게 된다. 이런 사람에게는 사랑의 온기가 필요하고 최대의 공감은 나도 너와 같은 시절이 있었다는 말을 해주면서 다독이면 위로를 받게 된다.

ⓗ 의심

의심은 왜곡된 믿음에서 만들어진 감정이다. 의심이 있는 사람은 그 누구도 믿지 못하고 자신만 믿게 되는데, 같은 부모 밑에서 자라났어도 개인마다 성향은 다르기 때문에 성격도 달리 나타난다. 거부당한 경험의 무시나 학대는 자아도취적인 자만으로 이끌어가기 때문에 평안이나 안정감으로부터 완전히 떨어져 나가게 되면서 자신의 인격에 손상이 왔다고 생각되어 분노만 남게 된다. 분노의 표출은 노르아드레날린이 증가되면서 소리를 지르거나 문을 꽝 닫는 버릇이 생기는데, 이런 의심의 마음이 있는 사람은 참으면서 말은 하지 않는다. 그러나 노골적인 공격을 위해 이를 갈면서 술이나 담배를 피우며 분노를 다스리는 경우가 많다. 미움에서 생겨난 의심은 무엇인가를 자꾸 걱정하게 만드는데, 걱정을 하면 혈액은 산성화가 되어버린다. 남에게 한 번 배신을 당해 본 사람은 그 누구도 믿지 못함에서 자꾸만 의심을 하는데, 더 이상은 속지 않겠다는 결심이 들어있기 때문에 고집은 아주 세다. 남들 보기에는 매우 초연한 척을 하지만, 실재는 매우 차갑고 냉정하면서 오로지 자기의 일에만 몰두한다. 자기만을 사랑하는 중독에 걸려있기 때문에 이런 사람을 가리켜 덫에 걸렸다고 한다.

ⓘ 죄책감

자신이 이런 것을 꼭 해야 된다는 의무감에서 생겨난 마음이다. 해야 될 것들을 하지 않고 피했다면 거기로부터 생겨난 죄의식·후회·양심의 가책이 밀려오는데, 자기 스스로 생각하기에 가장 가치 있는 기준을 어겼다고 판단되어 생기는 증세다. 어떤 행동을 취해 변화시킬 목적을 가지고 있지만, 이 감정을 부인하거나 억누르면 압도당해 결국에는 무기력해진다. 따라서 그 일은 나로서는 어찌할 수 없다는 의식을 만들어서 죄책감에서 빠져나오는 일이 매우 중요하다.

ⓙ 무기력

죄책감에서 생겨난 무기력은 육체의 움직임까지 멈추게 만들어서 대인관계까지 이루어지지 않게 고립시킨다. 고립되면 미래에 대한 비전을 바라보기보다는 과거의 늪에 빠져 허덕이도록 해서 깊은 우울로 들어가는데, 삶의 모든 일들을 자신이 선택했음에도 불구하고 그 화살을 타인에게로 돌려 미움이나 원망으로 치닫게 만든다. 무기력을 극복하려면 육체의 많은 움직임이 필요하기 때문에 기쁘지 않더라도 명랑한 척을 하면서 씩씩하게 삶을 살다보면 무력감은 안개처럼 사라지는 증상이다. 다시는 같은 실수를 범하지 않겠다는 결심으로 상대에게 용서를 빌면 되는데, 프랑스의 실존주의철학자·사상가·작가이던 장폴 사르트르(1905~1980)는 이런 무기력을 반수면의지라고 이름으로 붙였다. 학습된 무기력이라고도 부르는데, 어른이 되어서도 감히 자기의 주장을 떳떳하게 드러내지 못하고 판단자체도 하지 못하는 증세다. 의욕은 이미 결핍되어 있어서 소심하면서도 수줍음이 많은데, 거기에다 좌절의 경험에 따른 분노가 도사리고 있어서 어쩌면 잘못될 수도 있다는 두려움 때문에 면역력은 이미 약해져 있어서 불안해한다. 지각의 해석체인 호르몬들이 계속 활동을 하고 있지만, 실제에는 의식이 없기 때문에 상상계에서는 반 수면상태의 의지들이 어떤 사람의 얼굴이 환영으로 나타났다가 갑자기 동일한 방식으로 사라지곤 한다. 이런 증세의 사람은 자신감이나 자존감을 회복시켜줘야 한다.

(c) 이 과정에서 똑같은 상황일지라도 언어를 익힌 방식에 따라 생각하는 방식도 달리 나타나는데, 이것은 해마로부터 시작된다. 해마에는 무심코 흘려들은 것들·전에 보았던 것들·만져본 것들·책에서 읽은 것들·영화나 드라마 속의 장면들이 모두 보관되

어있으면서 이들이 문화 활동의 목적인 고집을 형성시키는 방패막이 만들어진다. 이에 따른 고집의 종류에는 다음과 같은 것들이 있다.

ⓐ 나르시즘: 자기애적 주의자.

ⓑ 에고이즘: 본능적 적합주의자.

ⓒ 에피큐리즘: 쾌락주의자.

ⓓ 매너리즘: 습관적으로 자기만이 최고라고 여기는 사람.

ⓔ 새디스트: 모욕을 당하면 다른 곳에 화풀이를 해대는 사람인데, 이런 사람들은 스스로 악을 행하면서도 자기가 피해자라고 우겨댄다.

ⓕ 댄디즘: 겉만 번지르르한 허세적인 인간인데, 무엇이든 부풀려서 말하는 남성이상주의자다.

ⓖ 루카즘: 외모지상주의자.

ⓗ 메저키스트: 남을 향하여 비난하기를 즐기는 사람.

ⓘ 사디스트: 완전무결하게 악을 행하는 사람.

ⓙ 오도리티 리얼리즘: 권위주의의 사람.

ⓚ 로맨티시즘: 환상주의를 가진 사람.

ⓛ 셀프디펜시즘: 자기 방어주의의 사람.

(d) 이런 부류의 사람이 되면 자기가 일을 하면서도 무슨 일을 하는지 잘 모르게 된다. 왜냐하면 솔직하지 못해서 스스로를 속이기 때문이다.

(e) 이런 것들은 꿈을 통해 인간은 어떤 사물에 대하여 새로운 시각으로 바라보게 될 것이고 공감능력까지 향상되도록 만들어주는데, 이런 일은 세로토닌호르몬이 자행한다. 즉 세로토닌호르

몬의 양이 적으면 강박장애나 공황장애가 올 수 있으면서 우울·
자학·자살을 부추기는 요인들이 된다.

2) 치유

① 상상이 가는 길

(a) 상상의 병리에서 가장 강력한 상상은 두려움과 공포심이다.
곧 죽을 수도 있다는 생각에 사로잡히도록 하면서 뱃살은 뻣뻣해
지고 곧 죽게 될 것이라는 생각 때문에 경련을 일으키기도 한다.

(b) 상상에 대한 실험은 프랑스의 실존주의 철학자·사상가·작
가이던 장폴 사르트르(1905~1980)가 하였는데, 그는 30세에 의
사친구이던 라갓슈에게 메스모과 주사를 맞았다. 그 후 사르트르
는 온몸에 낙지가 감싸고 도는 것 같은 환각을 겪었고 그로 인해
우울증증세로 괴로워하면서도 관찰하는 일을 멈추지 않았는데,
그 후로도 사르트르는 갑각류에 대한 공포가 지속되었다고 한다.
그가 내린 결론이란 호르몬은 아날로 공으로 되어있는데, 아날
로 공은 우리 안의 착각을 일으키는 것들이라는 것이었다. 즉 없
는 것을 있는 것처럼 여기는 심적 이미지로 헛된 것들을 의미하
는데, 이 헛된 것들은 일상에서는 도저히 사용할 수가 없는 것들
이다. 그것은 우리에게 찾아든 오류가 실재인식에 따른 판단은
아니고, 독서나 남들에게 들은 말들이 서로 엉겨 붙으면서 허구
의식이 된 것들이다. 허구의식이 의식을 삼켜버리면 아날로 공은

존재정립이 되지 않게 된다는 것이었다.

(c) 외부의 정보들이 내부의 기억세포와 화학반응을 일으켜서 생산되는 에너지호르몬은 순전히 근육을 발달시키려는 의도에서 생겨난 생리적인 기억세포들로, 언제 어디서든 화학반응을 일으켜서 정서기억인자들을 만들어 내면서 다양한 생리현상을 조절해 나간다. 이때 나타나는 직관은 상상이 아니고 다만 어떤 생각에 따라 판단되는 의견이기 때문에 상상계에는 존재하지 않는다.

(d) 그리하여 생각이라는 상상은 모두 확실치 않은 추측으로 구성되어있기 때문에 무시하면 곧 사라지는 비문증 같은 것들인데, 상상을 쫓아내려면 확증을 얻어내야 된다. 상상은 순수하도록 자발적이면서 실재를 부정하려는 바탕 위에서 이루어졌기 때문에 모두 자발적인 것들로, 스스로 소리를 내기도 하고 이미지를 만들기도 하면서 각기 다른 유희들을 만들어낼 수 있다.

(e) 인간의 기본욕구란 욕을 먹으면 분노하게 되고, 칭찬을 받으면 욕구가 충족되면서 신이 나서 손뼉을 치게 된다. 칭찬의 온화한 말은 세포들 사이의 정보교환에서 자극과 반응이 균형을 잘 맞춰 자기화 또는 객관화가 잘 이루어지면서 혈액은 잘 흘러 행복파장인 알파파가 형성된다. 이 알파파는 엔돌핀호르몬이 되었다가 다시 베타엔돌핀이 되는 동시에 면역세포들은 활성화된다. 면역세포의 활성은 내뇌에서 모르핀의 생산량을 증가시키지만, 면역세포들이 긴장하고 있으면 독성물질인 활성산소(O)가 생겨나서 신경세포들을 공격하게 된다. 나쁜 독소 활성산소를 없애려면 수소가 필요한데, 수소는 물속에 많이 포함되어 있으므로 물

을 많이 마시는 게 좋다.

(f) 생명 있는 것들은 모두 칭찬을 받으면 행복해지면서 마음은 평정이 이루어진다. 그렇게 되면 신념도 생겨나는데, 신념 속에는 언어패턴들이 숨어있다.

ⓐ 합리적인 생각이란 자기보존의식·행복·사랑·대화·성장·자기발견 등이다. 다시 말하면 나는 누구인가를 먼저 알아내는 일인데, 자신을 먼저 알아야 타인의 이해도 가능해지기 때문이다.

ⓑ 반대의 상황에서 마음에 평정을 이루지 않으면 불안이 생겨난다. 불안은 말소리까지 침울하게 만들면서 비합리적인 생각을 하도록 하는데, 비합리적인 생각이란 자기의 파괴·사고회피·게으름·실수의 반복·미신·인내심부족·완벽주의·자기비판·자기실현회피 등으로 나타난다. 이런 것들은 스스로를 자꾸만 되뇌게 하면서 확인토록 함으로써 불쾌감을 만들어서 정서상 문제를 일으키게 된다. 그리하여 나쁜 신념은 열등감·우울·시기·질투의 감정을 만드는데, 이들은 '절대로'라는 강조어를 자주 쓰고 실수를 하면 안 된다는 강박관념에 사로잡히게 된다.

(g) 어떤 사람이 말을 할 때 자신의 탓은 절대로 아니고, 남의 탓이라고만 여긴다면 이는 언어문법상에서 문제가 대두된 경우다. 왜냐하면 자신의 모든 것들을 외부통제심리에 의존하면서 스스로 구속되어 있어서 당하는 존재로 전락해 버렸기 때문인데, 그 속에는 〈나는 절대로 못 해.〉라는 속단적인 의도가 들어있어서 그 반응도 달리 나타난다. 그러나 대부분 이런 사람은 혼자 말

하기의 술수를 쓰는데, 혼자 말하는 상투적 언사는 통제를 벗어나기 위한 자발성에 따른 것들이다. 이때 위협을 가하면 잠시 행위를 주춤하면서 멈춘다.

⑬ 이런 사람들은 주로 혼자 있을 때에 담배·술·마약 등에 의지한다. 그러나 이런 것들은 부풀리는 성질 때문에 더 심각한 여러 가지 증상들을 불러들인다.

Ⓐ 최초의 환각은 말로 표현되지 못한 경험들에서 나타나는 증세인데, 언어로 번역이 불가능한 이미지의 느낌들은 피부에 소름이 오싹 돋아나게 하거나 찌릿한 전기현상의 느낌을 만들어준다.

Ⓑ 이때의 환각은 이미지의 병리들로, 청각·후각·미각·촉각·시각호르몬들이 산소를 찾아다니려고 다량으로 분비되기 때문에 나타나는 현상이다. 신경세포호르몬은 죽기 삼십초에서 삼분사이에 혈류 속을 요동치면서 허망의 지각을 만들어내는데, 이때의 이것들은 언어로의 번역이 불가능한데서 나타나는 것들이다. 무엇인가 있기는 있지만 경험이 없는 탓에 해석이 불가능한 즉각적인 기억들로, 과로나 알코올을 마시면 찾아오는 느낌의 것들이다.

Ⓒ 시각의 환각에서는 몇몇 인물만 보인다. 잠자던 시각들이 자신의 열등감을 형상화시켜 나타나는 증상인데, 어둠 속에서 벽 위로 다람쥐가 올라가는 것처럼 보이다가 불을 켜면 사라지는 것들이다. 시력이 착각을 만들어낸 경우다.

Ⓓ 청각환각은 주로 욕설에 주목되어 있는데, 잠자던 열등의식이 들고 일어나서 소리를 내는 경우다. 들리는 소리는 있지만 무슨 소리인지 확실치는 않고 보이기는 하지만 무엇

인지 확인이 안 된다. 대표적인 예로 소크라테스의 증언을 들 수 있는데, 〈나에게는 신으로부터의 소식이나 귀신의 신호 같은 것이 들리곤 하는데, 이런 증세는 일종의 소리로 어릴 적부터 시작되었다. 그런데 이런 소리들은 무엇을 하려고 하면 언제나 하지 말라고 말리면서 무엇을 하라면서 전한 일은 한 번도 없었다.〉라고 하였다.*

ⓔ 이런 면에서 환각·환청·환시 등은 강박관념과 비슷한데, 뇌의 정보처리과정에서 유동이 잘 안되면 혼란이미지로 남아 이것들이 요술을 부려 나타나는 증상이다. 스스로 정신에 강요를 해서 의식대상을 만든 경우인데, 부풀려서 거짓으로 나타내지는 것들로, 문학에서는 판타지(거짓)라고 부른다.

ⓕ 그리하여 망상은 잘못된 믿음이 고정된 경우에 나타나고 섬망은 망상·불면·산만·초조·환미·환촉의 감각에서 이상증세들이 나타난다. 특히 정신분열환자들은 자신을 둘러싸고 있는 대상들이 비 실질적이라는 것을 잘 알고 있기 때문에 의도적으로 의사의 면전에서 이런 증세들은 나타내지 않는다.

   (i) 과도한 상상의 환자들은 환각·환청·환시를 기다리고 또 기다린다. 이들의 내부는 분열되어있어서 그렇다. 한 사람 또는 여러 사람의 통제를 받고 있다는 생각에 사로잡혀 있기 때문에 항상 누구의 탓이라고 핑계를 대면서 몸에 해로운 것들만 찾아댄다.

---

* 츠베탕 토도로프, 『구조시학』, 33쪽.

② 치유에 대하여

(a) 플라톤은 소크라테스의 제자다. 소크라테스는 어려서부터 귀 속으로부터 이상한 말소리가 들리는 병이 있었다고 한다. 그런데 그것은 언제나 좋은 말은 아니고 부정적인 말들이었다.

(b) 소크라테스(BC470년경~BC399년경)는 그리스의 아테네 사람으로, 실존주의 철학의 거장이다. 그는 평생 글을 쓰지도 않으면서 훌륭한 제자들을 길러낸 사람이다. 그것은 그가 가지고 있던 괴로움과 고통 속에서 산파법을 만들어냈는데 즉 대화를 통해 막연하면서도 불확실한 지식을 진정한 개념으로 정리를 할 수 있도록 해주는 교수법이다. 누군가를 가르치려 하지 말고 질문을 통해 스스로 깨닫게 해야 된다는 것이다. 이런 사항들에 대해서는 아테네의 예술철학자 플라톤(BC428년~347년)이 쓴 책 『파이돈(죽음 연습)』에 나와 있다.

(c) 이로 인해 플라톤은 정의를 내렸다. 치유란 어렵게 꼬인 문제들이 풀려지면 병에서 놓여나서 치유된다는 것이다.

③ 치유의 예화들

(a) 성경의 〈욥기〉는 BC 6세기경에 쓴 간증문학이다. 죄로 여겨지는 불만·불평·미움·원망의 문제들을 스스로 해결해서 회개하면 병은 저절로 나음과 동시에 배의 축복도 받게 된다는 내용의 이야기다.

(b) 〈처용가〉는 신라 49대 헌강왕의 아들 처용이 지은 노래인

데, 처용은 왕의 정사를 대신해서 맡아보느라 아주 바빴었단다. 어느 날 집에 돌아와 보니 역신이 아내를 짓누르고 있어서 이 노래를 지어 부르면서 춤을 췄더니 역신이 곧 물러갔다는 내용의 이야기다.

ⓒ 영국의 신화학자 레비스트로스(1908~2009)는 샤먼의 치유력에서 대하여 이렇게 말하였다. 〈샤먼들은 병든 자의 표현 불가능한 것들을 색다른 언어를 가르쳐서 표현하게 함으로써 치유를 가능케 해준다.〉 샤먼들은 병자에게 질병의 원인을 찾아내어서 가르치고, 그 원인을 제거해 준 다음 원기를 회복시켜 힘을 돋우어주면 치유는 일어난다는 것이다. 다시 말하면 부적응을 적응하게 해주고 이질감을 유대감으로 이끌어주면 환자는 병에서 놓여나게 된다. 샤먼이란 러시아의 시베리아북부지방 원주민들이 행하는 방법인데, 무당이나 박수 또는 주술사가 죽은 영혼과 교접을 해서 신을 받은 상태로 죽은 영혼과 이승과 저승을 오가며 대화를 나눠 길흉을 판단하면서 예언을 해주는 것으로 병을 치료해주는 방법이다. 이때 주술사들은 죽은 영혼과 대화를 나누려고 뼈를 흔들면서 주문을 외우는데, 이때의 주술사와 마녀는 남들보다 더 월등하게 지혜와 지식이 많아서 병자에게 적절한 말을 해주면 병에서 놓여난다. 이런 식의 환상여행을 통해 치유 받도록 유도하는데, 샤먼이 먼저 몽롱한 정신 상태를 유지하려고 잠도 안자고 금식을 한다. 이때는 북을 치면서 경을 외우는데, 이성과 감정을 연결시켜 심리에 급격한 혼동을 일으킴으로써 신비의 체험을 하도록 하기 위함이다. 북소리는 심장박동과 같은 리듬을 유지하려고 1분당 4~7번 뛰는 세타리듬을 이용하는데, 북소리는 뇌 전체를 자극해서 아주 작으면서도 느린 섬유조직들까지 움

직이도록 해준다. 아울러 때론 환각제를 사용하는데, 공대버섯·회독말풀의 향·선인장에서 축출한 환각제를 사용하는데, 이것들을 이마에 바르면 스물네 시간동안 깊은 잠에 빠지는 것과 비슷한 혼미상태가 된다. 이런 탈혼 상태에서 정신이 몽롱해지면 혼이 몸을 떠난다는 분리감각이 유지되는데, 이때 뇌파를 측정하면 알파파의 움직임이 보통 때보다 1.5회가 더 느렸다.

ⓐ 시베리아의 야쿠트샤먼

짤랑거리는 방울이 달린 망토를 입고 북을 치면서 주문을 외우고 나타나는데, 이때 환자는 극도의 공포심이 생기면서 무서운 몸짓으로 깜짝 놀라는 동시에 병은 치유된다.

ⓑ 아프리카샤먼

지푸라기로 만든 돼지모형을 길가에 놔두면 어떤 사람이 그곳을 지나가다 발로 찬다. 그렇게 되면 그 사람이 병을 가져간다고 믿어 병에서 놓여나게 된다. 그러나 혼이 나갔거나 제 정신이 아닌 증세가 심한 환자에게는 여섯 내지 열두 명의 샤먼들이 두 줄로 서서 상상의 카누를 만들어 노 젓는 시늉을 한다. 샤먼들의 옆에는 삼나무 판과 환상적인 그림들이 가득 그려져 있는데, 이때 샤먼들은 딸랑이 방울과 북을 치면서 주문을 외운다. 이런 식으로 이틀내지는 오 일 동안 계속하면 병은 땅 밑으로 내려간다고 믿도록 말을 해준다.

ⓒ 과테말라샤먼

신비하게 생긴 돌·초·향·꽃·음식·술 등을 이용하여 샤먼의 신비함을 드러낸 다음, 환자의 병에 관계해서 치유를 빌어주는 방법이다. 이 방법은 돈이 너무 많이 들기 때문에 평민들은 하기 힘들다.

ⓓ 크로우인디언샤먼

　　돌에 치유성분이 들어있다고 믿게 한 다음, 전설을 동원해서 병이 낫도록 유도하는 방법이다. 한 가지 예로, 남편에게 시달리던 한 여인이 죽을 결심을 하고 산속에 들어갔다가 이상하게 생긴 각진 돌을 발견했단다. 한 면은 남편의 얼굴을 닮았고 다른 면은 들소의 모습을 닮았으며 또 다른 면은 독수리의 모양을 닮았고 또 다른 면은 말의 모습이었는데, 여인은 그 돌을 들고 남편이 있는 도박장으로 갔더니 남편이 돈을 따더란다. 전쟁터에 나가서도 이기고 돌아와 장수했다는 이야기를 들려주고 믿게 해서 그 후로는 시달리지도 않게 되어 행복하게 살았단다.

ⓔ 나바호족샤먼

　　신성하게 생긴 상자에다 돌·깃털·나무토막·담배·거룩한 물·줄 등을 넣고 거기에 정신을 집중하도록 하거나 또는 모래위에 페인팅으로 그림을 그려놓은 다음에 노래·기도·발한케 함으로써 구토하도록 한다. 그 다음에 제의가 시작되면 샤먼 옆에 환자를 앉히고 군중들은 환자를 둘러싸서 환자로 하여금 여러 가지 상상을 하도록 유도하는데, 이때 나바호족의 치료사는 보통 오십 시간에서 백 시간 가량 주문을 외우거나 노래를 부를 수 있는 능력이 있어야 된다.

ⓕ 한국무당은 재수 굿·병굿(개인의 병을 치유시키기 위해 죽을 쑤어 환자의 머리맡에 놓고 부엌칼을 휘둘러서 귀신을 쫓아내는 시늉을 함으로써 병을 낫게 한다)·진오기 굿(저승길에 안전을 기하기 위한 굿)·성주맞이굿(새로 집을 짓거나 이사를 해서 새 가신을 봉양하기 위한 굿)·내림 굿(무당이 되기 위한 굿)·당굿(삼

년에 한 번씩 마을의 행운을 기원하기 위한 굿) 등을 함으로써 사람들에게 위안을 주려 한다. 한 예로, 저자가 살던 동네에 어떤 남자가 있었는데, 그 남자는 병이 날 적마다 병원에는 가지 않고 자기의 어머니가 주문을 외우면서 부엌칼을 휘두르면 병에서 놓여단다고 하였다.

(d) 이 세상 최초의 의사는 독일 태생의 스위스 의사인 동시에 연금술사이던 파라셀수스(Paracelsus, 1493~1541)다. 그는 자연치유력을 강조하였는데, 광산에서 야금술을 습득함으로써 납을 금으로 바꾸는 기술을 가지고 있었다. 아울러 샤먼과학자였기 때문에 그는 고대 그리스에서 시작된 인간원리를 재정리해서 샤머니즘을 과학적으로 규명한 다음에 이를 의술에 적용하였다. 르네상스시대의 치유자인 동시에 화학의 창시자로, 파라셀수스는 아편을 통증 치료제로 사용해서 의사(doctor) 또는 가르치다(doceo)로 불리기도 했었다. 연금술의 방법은 마음에 들어있으면서 서로 엉켜 복합적으로 섞인 이질감을 떠올려서 공감해 주면 유대감이 생겨서 환자는 무기력에서 벗어나는데, 이때 소망이나 희망을 주면 병은 치유된다고 한다.

3) 플라세보

① 위약효과
(a) 플라세보란 위약효과를 일컫는데, 어떤 약을 먹은 다음 앞

으로 좋아질 것이라고 생각을 하면 병은 곧 나아진다.

(b) 반대로 노시보(Nocebo)효과라는 말도 있다. 라틴어에서 따온 말인데, 〈이 약을 먹으면 아마 해를 입게 될 것입니다.〉라고 의사가 말을 하면서 약 처방을 해주면 아무리 좋은 약이라도 그 말을 듣지 못한 사람의 3배 정도가 부작용이 일어났다고 한다.

(c) 이처럼 사람은 나빠질 것이라는 생각만으로도 일상은 나쁜 상태로 몰아가게 되고, 항상 좋아질 것이라는 긍정적인 생각이 앞날을 좋게 만들어 준다.

② **생각하기 나름**

(a) 인간에게는 두 종류의 사람이 있다. 긍정적인 사람과 부정적인 사람인데, 이들은 한 가지의 똑같은 장면을 보고 서로 달리 생각한다. 즉 컵에 물이 반 컵 담긴 것을 보면서 긍정적인 사람은 〈물이 반 컵이나 남았네.〉하는 반면에, 부정적인 사람은 〈물이 반 컵밖에 없네.〉라고 말을 한다.

(b) 이와 같이 언어에도 두 종류가 있는데, 그것은 부정적인 면과 긍정적인 면이다.

ⓐ 원효대사의 체험에서 원효대사는 어두운 동굴 속에서 지낼 때의 일이란다. 어둠 속에서 목이 말라 여기저기를 더듬다가 그릇 속에 물이 들어 있는 것을 찾아내고는 반가운 마음에 그 물을 마셨더니 너무 달고 맛이 있었단다. 그래서 무척이나 행복했었는데, 해가 뜨고 날이 밝은 다음 자세히 보

니 물이 담겨졌던 그릇은 해골바가지였단다. 그것을 알게 된 원효대사는 금방 구역질이 나면서 고통스러웠단다. 사람의 마음이란 이토록 간사해서 이중성이 여실히 들어나게 되어있다.

ⓑ 저자가 서른세 살 때의 일이다. 밤 아홉 시경에 말을 할 수 없을 정도로 많이 아팠었는데, 그때는 앉아 있을 수도 없었고 서 있을 수도 없었으며 더군다나 누워있기조차 더 힘들어서 입고 있던 옷들을 모두 벗어가며 심한 곤혹을 치루고 있었다. 그때 초인종이 울렸다. 누구야? 이 밤에? 아팠지만 어쩔 수 없이 벗은 옷들을 주워 입고 현관으로 나가니 여자집사였다. 삼년 간 성경공부는 같이 했어도 말을 나눈 적은 한 번도 없는데 느닷없이 찾아온 거였다.

〈웬일이세요. 이 밤에?〉

〈수삼을 팔러왔어요. 집사님이 필요하리라 생각돼서요.〉

〈수삼이요? 전 그런 거 필요 없어요. 지금 제 가슴은 불이 타올라서 삼 따윈 절대로 안돼요. 그러니 돌아가세요.〉

찾아온 사람이 너무 귀찮아서 냉정하게 말했지만 여자집사는 멋대로 대문 안으로 들어서며 물었다.

〈왜 가슴에 불이나요?〉

〈왜 그런지 알면 제가 고치지요. 이유를 모르니 이러고 있지요.〉

여자집사의 하는 행동이 마땅치 않아서 말마다 툭툭 쏘아대자 여자집사는 방으로 들어와 앉으며 주위를 한 바퀴 둘러보며 말을 시켜댔다.

〈이 시간에 남편은 어디 계세요? 왜 집에는 안 계셔요?〉

〈누가 압니까. 어디 가서 무얼 하고 다니는지. 도무지 가

정에는 관심도 없고 밖으로만 나돌아서 너무 속이 상해요.〉

〈그래도 원망 따윈 하지 마세요. 미워하지도 마시고 그냥 사랑만 하세요.〉

그 말에 저자는 화가 치솟아서 버럭 소리를 질러댔다.

〈제가 신입니까? 저런 개망나니를 사랑하라고요? 전 절대로 그렇게는 못해요. 싫어요.〉

저자가 완강하게 나오자 여자집사는 자기의 이야기를 늘어놓기 시작하였다. 제 남편은 큰 회사를 경영하던 사장이었어요. 그런데 비서와 간통을 하더니, 이혼을 요구했어요. 저에게는 삼남매의 자식들이 있기 때문에 이혼은 절대로 안 된다고 하자, 그때부터 생활비를 한 푼도 주지 않는 거예요. 남편이 너무너무 미워서 새벽마다 교회에 나가 기도했어요. 저 인간을 폭삭 망하게 해 주세요. 그랬더니 얼마 후에 응답이 온 겁니다. 회사는 폭삭 망했고 비서는 제 갈 길로 떠나버리니 남편은 거지가 되어서 집으로 들어온 겁니다. 삼남매 관리도 벅찬데, 남편까지 들어와서 지금은 살아가기가 너무 힘들어요. 그래서 이 밤에도 수삼을 팔러 온 겁니다. 그러니까 제 경험인데, 집사님은 절대로 저처럼 남편에 대한 원망이나 저주의 말은 입 밖에도 내지 마세요. 그냥 축복기도만 해주세요. 남을 저주하니까 그 저주가 나에게 떨어지고 말았어요. 여자집사의 당부를 듣고 보니 맞는 말 같았다. 그런 다음에 여자집사와 저자의 처지를 비교해 보았더니, 그나마도 저자의 남편은 이혼하자는 말도 안 하고 생활비도 꼬박꼬박 대주고 있는데 무엇을 원망하랴. 그런 생각이 드는 순간 그렇게도 아프던 몸은 언제 아팠느냐 듯 깨끗이 나아졌다. 저자가 생각해도 참으로 신기한 일이 아닐 수 없었다. 생각 하나를 바꿨는데 어찌 이런 일이 일어날 수가 있지?

그래서 물어보았다.

〈그렇다면 하나님은 왜 우리에게 이런 고통을 주시나요?〉

〈하나님은 집사님을 무척이나 사랑하시기 때문이에요. 고통과 고난으로 연단시켜서 하나님의 큰 사람으로 만들기 위함이죠. 금은 그냥 얻어지는 게 아니잖아요. 풀무 불에 넣어 불순물을 빼내야 정금이 나오는 것과 같아요.〉

〈아하, 그렇군요.〉

그런 의문까지 풀리자 저자는 뛸 듯이 기뻐졌다. 저자가 이런 고통과 고난 속에서 살아온 것은 순전히 하나님이 사랑하신 때문이다. 연단해서 큰 인물로 쓰시려고. 그러니까 앞으론 저주나 미움 따윈 마음에 두지 말고 오로지 하나님의 뜻대로 모두를 사랑하자. 그런 결심까지 하였고, 인간은 말대로 된다는 말이 진실이라 여겨졌다. 그 후 저자는 저주를 하면 저주가 오고 남들에게 축복을 해주면 복이 찾아온다는 사실까지 알게 되면서 여자집사가 들고 온 수삼을 몽땅 샀다. 세상에서 가장 귀한 진리를 가르쳐주었기 때문이었다.

ⓒ 저자가 서른아홉 살이 되던 해, 어느 날의 일이다. 화장실에서 용변을 보며 벽 쪽을 쳐다보니 뿌연 안개 같은 것들이 천정높이만큼 쌓여있었다. 그것이 바로 저자의 기도제목이란 생각이 들어 한숨이 저절로 나왔다. 하나님은 대체 내가 무슨 큰 죄를 지었다고 이렇게 많은 기도제목들을 주신 것일까? 고개를 갸웃거리다 생각을 바꿨다. 아하, 하나님이 저 기도제목의 높이만큼 나를 사랑하시는 구나. 그렇게 생

각을 바꾸자 산다는 일이 무척이나 즐거워졌다. 그 후부터 저자는 길을 걸을 때도 발걸음이 가벼웠으며 마냥 기쁨이 솟아났었다.

(c) 상사가 인정해주면 안정감이 찾아와서 치유된다.

교회에서 순장 하는 일이 너무 힘들었다. 마음이 괴로우면서 무거우니 어깨까지 짓눌려지는 기분이 되어 너무 아팠다. 걸을 때도 등에 무거운 짐을 잔뜩 지고 가는 느낌이어서 눈까지 침침했으므로 전도사에게 말했다.

〈전도사님, 너무 아파서 순장을 못하겠어요.〉

그러자 전도사는 쉽게 대답했다.

〈아프면 쉬세요.〉

그 한마디 말에 짓눌리던 어깨가 갑자기 가벼워지면서 마음이 평안해졌다.

(d) 운동경기에서 이겨야지 하는 마음으로 경기에 임하면 자신도 모르게 힘이 들어가서 경기는 망쳐버리고 만다. 그러니까 이겨보려는 마음을 접어서 넣고 평안한 마음으로 원리원칙만 따르면 좋은 성과도 얻게 된다.

(e) 부정적인 생각을 긍정의 생각으로 바꾸면 플라시보효과가 나타난다. 이렇게 되는 이유는, 언어표현이란 생각방식의 표현인 것이고, 생각의 방식이 인간의 삶을 이끌어서 행동이라는 수레역할을 하기 때문이다.

③ 굳건한 결심치유

(a) 저자는 20대 초반에 자신의 결점을 알았다. 그 증세를 고쳐 볼 요량으로 어떤 단체에 들어갔는데, 그 결점이란 이런 것이었다. 남들 앞에 서면 부끄러워 얼굴이 붉어지면서 고개도 들지 못하였다. 물론 말도 나오지 않았기 때문에 사회생활에 여간 지장을 주는 게 아니었다. 그렇게 쩔쩔 매는 증상을 고치기 위함이어서 결심했다. 〈얼굴이 붉어질 테면 붉어져라. 이건 생리현상이니 나로서도 어쩔 수 없다. 얼굴이 붉어지든지 말든지 너 하고 싶은 대로 해. 나는 이제부턴 얼굴에 철판을 깔고 살아갈 것이다.〉 그런 배짱이 생기자 조금씩 얼굴 붉어지는 증세가 사라졌다. 이런 수용의 태도가 세상을 이기는 힘이 된다.

(b) 인간이 여러 가지로 고생하면서 사는 것은 세상의 이치를 다 알지 못해서다. 만일 세상의 이치를 다 꿰면서 알고 있다면 신과 같아서 어려운 일도 척척 해결해 나갈 것이다. 그렇게 되면 병도 생기지 않겠지만, 이토록 세상을 알아가는 과정에서 교육을 제대로 받지 못하면 어려움을 이겨내는 능력이 없어서 아마도 남에게 의지하려는 의타심만 생겨날 것이다.

(c) 타인을 의지하려는 마음에서 타인을 들들 볶아대는 이유는 이렇다. 노력을 해도 헛수고가 되면 정신이미지는 주변으로 확산되면서 망상 증세를 나타내는데, 정신의 병질은 교육에 따른 제재나 소통의 부재에서 오는 좌절에 있기 때문이다. 좌절은 뇌의 정보처리과정에서 혼란이미지를 만들어놓는데, 만일 어떤 일을 여섯 살 때 겪었다면 그 사람은 서른 살이 지나도 여섯 살짜리 심리에 머물러 있게 된다.

(d) 겉모습은 성숙하게 자라나 있지만, 내면이 자라나지 못했다면 그때의 어린 아이를 지금 여기로 데려와서 다시 가르쳐야 된다. 그때 상황의 잘못이 무엇이었는지를 가르쳐서 깨닫게 하면 갈등은 풀어지면서 의욕이 회복된다. 내면도 성숙해지면 치유되는데, 이것이 카타르시스라는 정화요법이다.

(e) 인간을 괴롭히는 것은 사물이 아니고 사물에 대한 본인의 생각 탓이다. 자신이 무엇엔가 항상 위협받고 있다는 생각이 든다면 자기점검부터 해봐야 된다. 왜냐하면 자신에게 닥친 고통이나 고난은 모두 자기 스스로가 만든 결과물이기 때문이다. 이때 불평이나 불만의 마음을 버리면 곧 평안이 찾아오는데, 그런 마음들은 비교의식에서 생겨났기 때문이다. 따라서 비교의식만 버리면 모든 게 해결된다.

(f) 괴로운 것은 삶의 기본욕구를 잘못 받아들인 탓이다. 부적절한 인생의 덫은 신경증으로 나타나는데, 신경증인 사람은 자기가 특별하다고 여긴 탓에 닥친 것들이다. 그리고 폭력적인 사람은 불신의 상처가 있어서인데, 상처 위에 더 나쁜 상황이 닥치면 절망하거나 격분이 되어 우울해졌기 때문이다.

(g) 마음의 상처란 인생길에서 한 부분에 불과하다. 모두 안개와 같아서 왔다가는 곧 사라지는 통과의례 같은 언젠가는 해결될 것들이므로 그리 염려할 필요는 없다. 다만 그런 역경이나 고통의 앞에 놓인 장애물을 어떻게 딛고 넘어가야 되는 지의 해결에는 많은 지혜가 필요하다. 중압감은 기분자체를 알지 못하면서 오로지 공격받고 있다는 생각 때문인데, 방어에만 급급하니까 만

들어진 감정이다. 이런 부정적인 감정은 절대로 변화를 받아들이려 하지 않으면서 솟구쳐 오르는 감정이 자신도 모르는 사이에 무엇을 요구하는 신호만 들어있어서 그렇다. 따라서 부정적인 감정 속에 들어있는 긍정의 부분은 무엇일까를 먼저 찾아보는 일이 중요하다.

(h) 항상 타인의 탓이라고 여기는 부정적인 생각은, 그 생각에서 벗어나기 싫어서 미리 먼저 상대를 공격한다. 즉 아내를 때리는 사람의 마음에는 언제든지 아내로부터 버림받을 것이란 생각에 사로잡혀 있기 때문이고, 서먹한 관계성을 가진 사람은 사랑받지 못할 것이라는 생각에 사로잡혀 있어서 그렇다. 구타를 당하면서 산 사람은 다른 사람이 구타당하는 걸 보면 참지 못하고, 주사 맞기 싫어하는 사람은 어려서 병원에 너무 많이 다닌 탓이다. 그리고 성 중독증에 걸린 사람은 섹스가 사랑이라고 여기기 때문이고, 어려서 보살핌을 받지 못했다면 상대의 약점도 이해하지 못하는 사람이 되고 만다.

(i) 어떤 사람이 무심코 던진 한 마디의 말에 누구에게는 상처가 되고 또 누구에게는 교훈이 된다. 이렇게 되는 것은 받아들이는 사람이 어떤 방식으로 받아들이느냐에 따라 다르기 때문이다. 사람은 압제를 당해봐야 자유가 무엇인지 알게 되고, 슬픔을 겪어봐야 평화가 어떤 것인지 알게 된다.

(j) 인생 최고의 암흑기는 극도로 열악한 환경 탓이지만, 이때 부흥은 싹이 튼다. 인생길은 결국 자기와의 싸움장소인 것이고, 드라마보다 더 기막힌 드라마는 자신의 일생이기 때문에 항상 인

생의 굴곡선을 믿어야 된다. 인생의 과정에서 이해되지 않은 오해는 신경줄들을 뭉치게 만들어서 이로 인해 어지러움이 나타났다가 나중에는 연하장애나 언어장애까지 불러올 수 있다. 이때의 연하장애는 음식을 삼키기 어려운 병으로, 얼음이나 찬 물을 물고 있으면 낫게 된다. 언어장애는 말더듬이인데, 소리를 내어 책 읽는 연습을 자꾸 하면 치료된다.

(k) 브라질의 소설가·연금술사 파울로 코엘료(1947~)는 언급하였다. 〈자네가 간절히 원한다면 우주는 자네의 소망이 실현되도록 도와줄 것일세.〉

4) 카타르시스요법

① 말하기 치료

(a) 카타르시스(Katharsis)란 정화를 뜻하는 그리스어인데, 오스트리아의 의사·생리학자인 조셉 브로이어(1842~1925)가 만든 단어다. 브로이어는 프로이트의 선배이자 친구였는데, 최면요법으로 〈안나〉라는 여성의 히스테리증세를 치료하였다. 브로이어는 프로이트와 공동연구를 해서 『히스테리에 대한 연구』라는 책을 출판했는데, 마음에 담아둔 모든 것을 털어내어 하소연을 하면 치유된다는 이론을 제시하였다.

(b) 그리하여 하소연이란 눌려져서 뭉쳐있던 감정을 풀어내면

치유가 일어나는 방법인데, 여기서 옛날이야기를 하나 해보겠다.

■ 어느 신하가 임금님의 귀를 보았는데, 그 귀는 당나귀 귀였다. 그러나 만일 그 비밀을 발설하면 즉시 사형을 당하게 될까봐 꾹꾹 눌러 참다 그만 병이 들고 말았다. 가슴이 답답해지면서 온몸이 쑤시며 아파지더니, 나중에는 견딜 수가 없게 되었다. 원인도 모르면서 시름시름 앓던 끝에 살고자 하는 의욕을 품고 혼자 산으로 올라가 큰 소리로 외쳤단다. 〈임금님 귀는 당나귀 귀다.〉, 〈임금님 귀는 당나귀 귀다.〉 그렇게 외쳤을 뿐인데, 신하는 곧 병에서 치유되었단다. 이렇듯 마음속에 간직하고 있는 비밀이나 불만사항을 털어내면 치유된다.

ⓒ 자신이 받은 최초의 상처는 성격형성에 지대한 영향을 끼친다. 왜냐하면 불에 한 번 데어본 사람은 그때의 경험으로 인해 자신도 모르는 사이에 불을 무서워지거나 두렵게 여겨지기 때문이다.

ⓐ 탄생 후, 최초로 받은 상처는 백지 위에 쓴 글씨와 똑같다. 인체의 세포 속에 아주 선명하도록 그 자국을 남긴다.

ⓑ 그런 상처들은 그대로 있지 않고 우리의 내부에서 날뛰어댄다. 따라서 최초로 받은 상처를 끄집어내는 일이 매우 중요하다.

ⓒ 그때 받은 상처의 덩어리들을 지금 여기로 데려와서 분석을 하는데, 오해된 것을 이해로 바꿔주면 정화라는 카타르시스가 됨에서 치유된다.

ⓓ 뭉친 에너지들은 따스함의 온기로 감싸주면 알파파가 생겨나는데, 이 알파파가 치유의 호르몬이다. 용기를 북돋아주

는 자료다.

⒟ 말하기 치료의 장점

두서없이 떠들다 보면 그와 관련된 무의식속 추억들까지 들춰내게 된다. 여기에 장미꽃이 있다고 치자. 우리의 뇌는 장미꽃을 보는 순간 얼른 달려가서 해마 속 창고기억으로 가서 장미꽃과 관련된 모든 정보들을 가져온다. 이때 추억속의 자료들을 분석한 다음에 전향이나 전이를 찾아낸다.

ⓐ 속상했던 상황
- 시험공부를 열심히 했는데, 막상 시험지를 받아드니 아무런 생각도 나지 않아 시험을 망쳤다.
- 아이에게 예쁜 옷을 사다주었는데 기쁜 내색이 없다.
- 봉사한다는 생각으로 일을 했는데, 일을 하지도 않은 엄마가 뒷말로 나무랐다.
- 제사 때 시댁에 가서 열심히 일을 했는데, 남편이 게으르다며 말을 하였다.

ⓑ 그저 그런 상황
- 파마가 예쁘게 나왔는데, 아무도 알아주지 않을 때.
- 가족들은 여행을 간다며 모두 들떠 있는데, 나는 별로 가고 싶지 않을 때.
- 오랜만에 시댁에서 가족모임을 한다는 연락이 왔는데, 남편이 싸구려 선물을 주면서 생색낼 때.

ⓒ 기분 좋은 상황
- CT교육을 받으면서 현실에 적용되면서 깨달아 갈 때.
- 상담자로 발령이 나길 바랐는데, 성취되었을 때.
- 딸아이가 가만히 와서 뽀뽀를 해줄 때.

■ 후배들이 갈등할 때, 조절을 해줘서 화해가 이루어질 때.

ⓓ 그전과 지금은 어디쯤에서 변해졌을까? 그 원인을 알면 병은 쉽게 고칠 수 있다.

(e) 말하기 치유의 단점

ⓐ 인간은 말을 하는 것만으로도 무의식의 자료들을 모두 꺼내게 되어서 치유는 될 수 있다. 그러나 생각나는 대로 아무렇게나 떠들다보면 실수를 하기 마련이다. 사람들은 멋대로 아무 말이나 질서 없이 지껄여대는 것을 몹시 싫어하면서 들으려 하지도 않는다. 따라서 주위 사람에게 미움을 받게 될 수도 있다.

ⓑ 저자는 하고 싶은 말도 모두 참으면서 지내다가 그런 것들이 모두 병으로 변해 버렸었다. 주위를 둘러보니 하고 싶은 말을 그때그때 하는 사람을 보니, 그들은 병도 없이 모두 건강하였다. 그래서 저자도 작정을 하고 마구 떠들어대기 시작하자 건강은 좋아졌지만, 이웃들이 뒤로 돌아가서 수군거리며 흉을 봐댔다. 사람의 속성은 모두 이러하였다.

② **일기쓰기의 정화**

(a) 무의식감정은 그때그때 꺼내어 조합을 해줌으로써 이해를 시켜주면 문제는 해결되지만, 이를 해결 짓지 않고 오랫동안 묵혀두면 해마 속의 기억신경들은 손상을 입게 된다. 손상을 입게 되면 슬픈 나머지 머리는 무거워지면서 껄끄러운 생각이나 불편한 마음이 생겨나면서 소화까지 방해를 한다. 그래서 마음이 불편하면 소화도 안 되는 것은 이 때문이다.

ⓑ 마음이 평안하면 머리가 가벼워지면서 기뻐지는데, 우뇌는 감정의 뇌이기 때문이다. 우리의 감정을 조절하는 곳이기 때문에 무의식이라고도 부르는데, 의식의 냉동 창고로 보면 좋다.

    ⓐ 육체에서 시행된 모든 감정기억들이 모두 해마로 몰려들어 있는데, 해마는 일 센티미터의 지름과 오 센티미터의 길이를 가진 장소세포세로토닌의 회로들이다. 해마 속 장소세포세로토닌회로들은 드라마 같이 생겼는데, 예를 들어 갓난아기가 엄마를 뚫어져라 쳐다보는 동시에 엄마라는 단어를 반복으로 듣게 되면 기억은 육하원칙에 따라 입력된다. 즉 언제·어디서·어떻게·무엇을··왜·누가의 순서로, 문장이라는 집짓기놀이다.

    ⓑ 이때 기억으로 저장되는 것이 개념화로 일차기억인 단기기억이다. 이 단기기억은 안개처럼 사라지는 것들로, 만 5세까지의 기억들로 채워지게 된다. 이 기억의 핵심은 운동으로서의 움직임과 햇빛이라는 상당히 계산적인 것들이 들어있으면서 장기기억의 특별한 사실·사건·일화들까지도 보관되기에 이르지만, 아직까지는 아무 것도 나타낼 수 없기 때문에 우뇌를 일컬어 갇혀있는 어두움의 세계라고 한다.

    ⓒ 육체와 직접적으로 연결이 되어있는 우뇌 속의 해마가 손상되면 새 기억은 저장되지 못하는 동시에 이로 인해 신체의 구조에까지 변형이 이루어진다. 그러함에서 무의식사고들은 즉각적으로 꺼내어 해결을 해줘야 건강한 삶을 살 수 있다.

ⓒ 좌뇌는 해석의 세계다. 의식으로서의 밝은 세계인데, 우뇌 속의 감정호르몬들을 파장이라는 이해로 바꿔 해석해주는 곳이

다. 우뇌에서 좌뇌로 가려면, 뇌량을 통과해야 되기 때문에 뇌량을 가리켜 우리 몸의 문지기 또는 다리라고 부른다. 이 다리를 통과하려면 어떤 조건에 부합되어져야 하는데, 왜냐하면 뇌량 속 모세혈관들은 다른 혈관들보다도 더 **빽빽**하게 밀집되어 있기 때문이다. 따라서 뇌량을 통과하려면 열쇠가 있어야 한다. 여기서 열쇠란 뇌량을 통과하기 위한 수단이나 방법이다.

ⓐ 생물전기이온칼륨(K^+)은 물 분자와 결합을 해서 수용액으로 통과한다.

ⓑ 인지질나트륨이온(Na^+)은 소금을 걸러내는 블렌딩수법을 사용해서 통과를 한다. 여기서 블렌딩이란 기체로 변형되어 통과되는 수법인데, 칼슘이온(Ca^+)과 염소이온(Cl^+)은 기체로 변해야 통과된다.

ⓒ 이 기체들이 생체전기인 기계에너지들이다. 생체에너지들은 정보들을 싣고 몸 전체를 흘러 다니며 정보들을 전달하는데, 이들이 몸 전체의 세포들에 입력되는 시간은 단 0.07초밖에 걸리지 않는다.

ⓓ 뇌량 속 모세혈관을 통과하지 못한 정보들은 욕구불만으로 남아서 모세혈관을 통과하기 위해 상상이라는 추측을 만들어낸다. 이렇게 할 수 있는 이유란 이미지로서의 호르몬관념들에는 개연성은 있어도 엄격함의 정확성은 없기 때문이다. 그리하여 이미지개념이라는 호르몬들은 각 개인이 만들어낸 것이므로 임의적인 것들이고, 각 개념들은 그 특성상 모호성으로 인해 왜곡도 일어날 수 있다. 예를 들어 어두운 지하실에 들어가면 벽에 이상한 것이 붙어있는 것처럼 보이는데, 그것은 동물 같기도 하고 무서운 괴물 같아 보이기도 한다. 그러면 곧 겁에 질리지만 불을 켜고 자세히

살펴보면 누군가 가져다놓은 기구임이 밝혀진다. 이런 것을 우리는 착각이라고 부른다.

ⓔ 이차기억은 반복적인 입력이기 때문에 장기기억이라 부르고, 삼차기억은 일생동안 저장되어지는 기억의 이름이다. 그리고 사차기억은 습관화된 것들로 몸에 새겨져서 영원히 지워지지 않는 기억들이다.

(d) 이런 식으로 체계화된 습관을 고치려면 일기쓰기의 명상법이 가장 좋다. 하루의 일을 솔직하도록 자잘한 생각들까지도 모두 스토리로 적어놓으면 자신의 내면세계가 어떻게 구성되어졌는지 알 수 있게 된다. 이때 나의 진심은 무엇인가? 라는 스스로의 통찰로 잘못을 찾아내어 반성의 기회를 삼으면 뇌량의 다리를 통과할 수 있게 됨에서 치유는 일어날 수 있다.

(e) 일상적으로 매일 쓰는 메모들이 모이면 한 편의 신화가 탄생된다. 신화란 개인의 역사인데, 신화에는 목적의식이 들어있기 때문에 내일보다는 오늘이 더 중요하게 여겨질 것임에서 치유도 일어날 수 있다. 이런 것들이 앞으로 더 나가면 직업인으로 발전하게 되고 좋은 영적재산이 돼줄 것은 물론이며 글을 쓰는 동안 밀고 당기는 힘은 흥미로움 때문에 자신감을 넘치게 만들어줄 것이다.

(f) 특히 일기는 법적으로도 보장되는 자기만이 특권을 누릴 수 있는 장소다. 그 누구의 간섭도 받지 않기 때문에 덴마크의 철학자이면서 신학자인 쇠렌 키르케고르(1813~1854)는 스물한 살 때부터 일기를 썼다. 그 결과 『불안의 개념』이라는 책에 언급했는

데, 〈언어문장은 구원의 손길이다. 속에 들어앉아있는 것들을 모두 구출해내는 도구다.〉라고 하였다.

(g) 일기의 혹독한 글쓰기는 정밀한 사람을 만들어준다. 오스트리아 출신의 영국 철학자 루트비히 비트겐슈타인(1889~1951)은 이렇게 언급하였다. 〈생각이나 말은 언어 속에 들어있는데, 언어보다 필체 속에는 더 놀라운 에너지가 들어있다.〉 그리하여 엄격한 글쓰기는 사람의 성격을 정교하게 만들어주는 동시에 참 사람이 되도록 도와준다.

(h) 러시아의 소설가 레프 톨스토이(1828~1910)는 시인·개혁가·사상가였다. 그는 젊어서부터 매일 일기를 썼기 때문에 그의 불우한 인생을 딛고 일어나 사실주의문학의 대가가 되었다.

(i) 영국의 처칠 수상은 절체절명 위기의 순간에 말이나 글의 힘으로 나치와 싸워 이긴 사람이다. 이로 인해 펜은 칼의 힘보다 강하다는 말도 생겨났다.

③ 꿈과 소설 속 카타르시스
(a) 사람은 일생의 30%를 잠으로 보낸다. 특히 신생아들은 각성과 수면이 가장 필요한 시기이기 때문에 70%를 렘(REM)수면으로 보낸다. 따라서 어른들이 보기에 신생아들은 하루 종일 내내 잠만 자는 것처럼 보인다.
　　ⓐ 잠을 잘 때 근육은 수면상태로 들어간다. 그러나 뇌 속의 호르몬들은 24시간 내내 쉬지 않고 일을 한다.

ⓑ 색소분자인 포도당연료와 산소가 뇌에서 만나면 이들은 곧 산화되면서 물과 이산화탄소로 분리되는 동시에 일부는 아데노신3인산(ATP)으로 전환되어 생체전기에너지들이 발산된다. 이 생체전기에너지들은 중추와 신체의 각부를 돌고 돌아 원상태로 오기 까지는 천분지 일초도 걸리지 않는다. 이들은 초당 약 100개 정도의 정보전달이 가능한데, 산소는 도관도 없이 순환기계통의 신경을 통해 24시간을 주기로 정보들을 실어 나르면서 각 기관의 기능들을 조절해 나간다. 이 과정에서 사소한 어긋남의 단절이 생기면 자기 소망대로 되지 않음에서 상실된 마음으로 변한다.

ⓒ 면역체계라 불리는 광합성은, X와 Y의 유전자 한 쌍이 생명으로 전환되는 일을 일컫는다. 생명이 되는 순간 막으로 쌓인 세포는 복잡한 네트워크가 형성되는데, 이들은 망막에다 물체이미지형상을 만들면서 모태로부터 전해진 영양분과 산소가 연합되면서 호르몬이 만들어진다.

ⓓ 호르몬은 주로 하얀색의 진액인데, 근육과 포도당만 있으면 저절로 움직여지는 에너지들이다. 이들은 아주 작은 양으로 대단히 큰일들을 시행하는 강력한 화학물질들이다.

(b) 우리의 인체에 들어있는 호르몬의 종류는 다음과 같은 것들이 있다.

ⓐ 멜라토닌

멜라토닌은 수면호르몬이다. 잠을 잘 때 송과선에서 분비되는 끈끈이 당인데, 끈끈이 성질이 있기 때문에 무엇이든 달라붙게 만들어주기 때문에 스토리가 엮어지게 해주는 호르몬이다. 흑질에서 생겨나는 노란색의 느린 파장인데, 델타파라고도 부른다. 3.5헤르츠 이하의 파장으로, 이 파장이 단백질을 만나면 도파민으로 되었다가 알파파가 만들어진다. 알파파는 평안 그 자체인데, 활성물질 엔돌핀을 생산해내는 원료다.

ⓑ 도파민

노란색의 느린 파장 델타파가 단백질을 만나면 도파민이 생성된다. 도파민은 복측개피에서 분비되는 부착단백질로 카테골아민이라고도 부르는데, 어떤 보상이 주어지면 분비되다가 그 보상이 사라지면 분비는 멈추는데 어떤 목표가 달성될 때 더 많이 분비된다. 이 도파민은 신경흥분전달물질이어서 혈압상승에 관여하면서 여기서 알파파가 생겨난다. 그러나 과다 분비되면 활발해져서 좋지만, 반면 스트레스를 받게 된다. 지나친 분비는 충동적인 사람이 되도록 만들고, 결핍되면 우울이나 주의력이 상실됨에서 만성피로와 비만이 유발된다. 너무 적게 분비되면 조현병이나 파킨슨병으로 진전되는데, 도파민의 수명은 3년이다. 인지와 혈압상승에 관여하는 신경흥분전달물질로 에너지가 생산되도록 돕는 호르몬이다.

ⓒ 에스트로겐(거울신경호르몬)

당초부터 인간의 뇌에 많이 들어있으면서 세상을 받아들이는 일을 하기 때문에 거울신경이라고도 부른다. 거울신경에는 두 가지의 종류가 있다. 텔레세팔론은 대뇌변연계에 많이 분포되어 있다가 남자의 사춘기가 되면 테스토스테론호르몬으로 변하여 성기에 털이 나게 만들고 목소리를 굵게 조작시켜주는 일을 한다. 다이엔세팔론은 간뇌·시상·시상하부·뇌하수체에 많이 분포되어 있는데, 특히 대뇌의 피질 속 망상 층에 분포되어 있다가 여자가 사춘기가 되면 안드로겐호르몬으로 변하는 호르몬이다. 유방의 제조와 배란기의 조정으로 월경을 하도록 만드는 성호르몬의 원료다. 여성의 배란기에 목소리가 큰 것은 안드로겐호르몬이 왕성하게 분비된다는 증거이며 생산력이 왕성하다는 표현이다.

ⓓ 알도스테론호르몬

　호흡·심장박동·혈압·혈당·체온을 조절하는 원시적인 감정호르몬으로 대뇌피질의 구상 층에서 분비되는데, 신경 속의 신경흥분전달물질인 나트륨이온과 신경흥분억제물질인 칼륨이론의 비율을 조절해주는 호르몬이다.

- 아세틸콜린이라는 나트륨이온(Na^-)의 3차원 단백질은 글루탐산인 선경전달물질로 신경의 흥분제다. 아세틸콜린이 아드레날린이나 노르아드레날린과 합성되면 독성물질로 변하면서 에너지의 속도를 조절해 나가고 아울러 골격근을 지배해서 심장이 뛰도록 돕는 호르몬이다. 신경 속에 아세틸콜린의 양이 많으면 빠른 생각으로 창의적인 인간이 되지만, 쓸데없는 생각들을 너무 많이 해서 공상이나 망상에 도달하도록 하고 과다하면 사교적이면서 직관력은 강하지만, 지나치게 많이 분비되면 남에게 주려고만 하다가 자기학대로 이어져서 결국에는 정신분열·관절염·골다공증·동맥경화가 되고, 결핍되면 치매·기억상실·근무력증·알츠하이머로 진전될 가능성이 크다.

ⓔ 가바라 불리는 칼륨이온(K^+)

　감마아미노산이나 피페린딘산이 변형된 아미노산기로 신경의 억제호르몬이다. 이 호르몬이 뇌에 산소의 공급량

을 증가시켜서 뇌의 활동을 활발하게 해줌으로써 성장호
르몬이 분비되도록 도와주는 역할을 한다. 정확하면서도
실용성 있는 객관성의 자신감을 갖도록 해주면서 통증의
완화역할을 해서 침착한 성격이 되게 해주는 물질이다. 그
러나 과다하면 만성통증이 유발되거나 발작·고혈압이 생
겨나고 결핍되면 입이 마르면서 근육이 약화되어 긴장·발
한·불안·기억력 감퇴·만성중독이 유발될 수 있다.

ⓕ 세로토닌호르몬(기억바이러스, 스트레스방어호르몬)

　　뇌의 중심부에 존재하고 있는 해마가 세로토닌호르몬
의 덩어리다. 지름은 1㎝이고 길이는 5㎝가 되는데 이곳
에서 공간기억을 관장하고 있다. 기쁨과 즐거움을 만들어
내는 행복물질인데, 우울 감을 차단시키고 학습능력을 향
상시키면서 긍정적이고 태평스러운 사람으로 만들어 주는
호르몬이다. 이 호르몬은 음식물을 섭취해야 만들어지는
데 붉은 살코기·등 푸른 생선·계란·치즈·우유·바나나·두
부·땅콩·초콜릿·건새우·조개·현미·콩·아몬드·오징어·
미역·새우·고구마·감자 등에 들어있는 트립토판아미노산
에서 만들어진다. 도파민, 아드레날린, 노르아드레날린의
통제물질로 결핍되면 갈등의 요인이 되면서 불행하다고
느끼게 된다. 그리하여 술·담배·도박·게임·자극적인 음
식들을 선호하게 되는데 세로토닌이 너무 과하면 수면장
애·거식증·성 중독증·과잉행동·불안해하면서 우유부단
해자다가 강박장애·공황장애·자학행위 등이 나타나서 자
살을 할 수도 있게 된다.

ⓖ 아드레날린호르몬(독소 또는 베타엔돌핀, 에피네프린)

　　베타파는 스트레스 파장이다. 이들은 해마와 전두엽에

분포되어 있다가 위협이 느껴지면 신경이 활성화되면서 분비되는데, 열이 치솟으면 분노, 노여움, 불안, 공포심을 만들어낸다. 그런데 이 호르몬이 너무 많으면 위장장애가 온다.

ⓗ 노르아드레날린(노르에피네프린)

노르아드레날린은 낯선 것·이상한 것·새로운 것들을 애써 외면하려는 감정물질인데, 세로토닌호르몬을 포함한 다른 호르몬들이 그 기능을 다한 후에 남은 찌꺼기들을 파괴시키는 일을 한다. 그런데 노르아드레날린이 다량으로 분비되면 처음에는 가벼운 두통이 시작되다가 복통·불면·피로·근육통의 신체적인 증상이 나타나면서 긴장은 고조되어 안색까지 창백해진다. 더 많이 분비되면 요구만 많아지면서 참을성은 사라져서 불평과 비난만 일삼게 된다. 이런 것들이 계속적으로 누적되면 신경질적인 히스테리로 변하는데, 이를 방치하면 나중에는 공격적인 사람이 되어버린다. 강한 기억력의 형성으로 치솟는 상기의 능력호르몬이다. 주로 뇌간에서 분비되는데, 외부의 자극에 따라 흥분과 긴장이 고조되면 심장박동이나 혈압·호흡 등에서 반응으로 나타난다.

ⓘ 코레스테롤(목소리조절호르몬)

이 호르몬은 대뇌피질의 속상 층에서 분비되는데, 지질로 된 기름덩어리다. ATCG의 약칭으로 당 대사를 관리하면서 염증이나 알레르기 치료제로 쓰인다. 물에는 녹지 않고 유기용매에만 녹는데, 한 번 뇌에서 나오면 다시는 들어가지 못하는 호르몬이다. 과다 분비되면 적개심, 울화, 슬픔이 조장되며 큰 소리를 내게 된다. 부족하면 학습능력이

저하되어 짜증을 내게 되고 최고의 과다 분비는 혈액순환
에 방해를 일으켜서 쓰러지게 만든다.

ⓙ 옥시토신호르몬(사랑의 호르몬)

뇌하수체의 사분지 일에 해당되는 회백색의 띠가 후두엽
인데, 후두엽은 신경세포의 섬유질로 되어있다. 여기서 옥
시토신호르몬이 분비된다. 이 호르몬은 친밀감을 높여주
기 때문에 여자가 아기를 출산할 때와 젖을 먹일 때 왕성
하게 분비되는데, 항이뇨제로 쓰이며 이 호르몬이 부족하
면 소변을 대량으로 배출하는 요붕증이 온다.

ⓚ 엔돌핀호르몬(성장호르몬)

숙면을 하거나 산책을 할 때 뇌하수체와 중뇌, 간뇌 사이
의 전두엽 회백질에서 분비되는데, 엔돌핀호르몬에서 알
파파가 나온다. 알파파는 코르티솔분비를 억제시키는 파
장이다.

ⓛ 스테로이드호르몬

뇌하수체의 전두엽에서 분비되는 호르몬인데, 부종이나
열감, 압통의 증상을 완화시켜주는 일을 하는 호르몬이다.
면역억제 및 항 염증효과가 있다.

ⓜ 다이돌핀호르몬

크게 감동되면 생겨나는 호르몬인데, 엔돌핀의 4000배
에 달하는 효력이 있는 까닭에 우리는 이 호르몬을 치유호
르몬이라고도 부른다.

ⓝ 모르핀호르몬

우리 몸속의 모르핀 호르몬을 내외모르핀이라고 부르는
데, 마약의 5~6배의 효과가 있는 면역력 강화제다. 그러나
외부의 식물들이나 동물들에서 채취한 모르핀 성분은 독

성이 있기 때문에 우리들의 인체에 해를 입힌다.

ⓒ 이 호르몬들은 서로 연결을 이루면서 협업으로 일을 하는데, 이 과정에서 잠이 부족하면 호르몬들은 제 일들의 처리를 완전히 하지 못함에서 욕구불만이 생겨난다. 따라서 욕구불만이란, 제 일들을 다하지 못하고 손상을 입은 세포의 몸부림이라고 생각하면 좋다.

ⓐ 세포들을 제자리로서의 원위치로 돌리기 위한 몸부림이 바로 고통인데, 이렇게 세포에 손상이 오는 것은 모두 이해심의 부족 탓이다. 남들의 형편을 이해하려 들지 않고 오로지 자기의 편견에만 사로잡혀서 불통의 인간이 되면 세상을 볼 때 자기의 잣대로만 보고 판단하기에 이른다. 절대로 남들에게는 배우려 들지 않으므로 문제의 사람이 되기 때문에 충분한 잠을 자도록 해서 호르몬들이 자신들의 역할을 제대로 하게 하는 일이 매우 중요하다.

ⓑ 선물은 겉포장을 뜯어내야 진짜 선물이 나타나듯, 인간의 형태도 마찬가지다. 의식으로서의 겉 포장지를 뜯어내야 그 속에 행복의 실체를 볼 수 있게 된다.

ⓒ 어려서 잘못 배운 사상의 체계들은 비틀린 생각을 만들어서 나쁜 신념이 되고, 나쁜 신념은 비합리적인 사고로 인해 왜곡된 믿음으로 발전된다. 그리하여 왜곡된 믿음은 세상 모두를 부정적인 시선으로 바라보도록 만들기 때문에 자신의 운명까지 망쳐놓는다.

ⓓ 그로 인해 인생은 바른 길을 가기 위해 많은 정보를 가지고 있어야 됨에서 만 25세 정도까지는 배우는 일에 열중해야 된다. 그 중간에서 배움을 포기한다면, 그 순간에 성장도

멈추게 될 것이다.

(d) 스위스의 정신의학자이면서 분석심리학의 창시자 칼 융 (1875~1961)은 엘리바마 출신의 미국연기자 프랑크 밀러의 이야기와 스위스심리학자 풀루마의 책을 읽고 정신분열 이전 단계에 대해 폭넓은 분석을 하였는데, 그 결과는 아래와 같다.

ⓐ 감각체험이란 세계를 알아가는 과정이고, 이것들은 육체의 정욕으로 자리매김한다. 이런 정욕으로 인해 정신호르몬들이 만들어지고, 이들로 인해 세포들은 움직여 나간다. 즉 눈이 떠지고 감아지며, 저항력으로 일은 추진된다.

ⓑ 호르몬은 기상 후 한 시간이 지나면 멜라토닌의 분비가 정지되고 세로토닌분비가 시작된다. 그 후 네 시간이 지나면 완전한 각성을 이루다가 아홉 시간 삼십 분이 지나면 최고조의 반응속도를 유지하고, 열한 시간 뒤에는 근력과 심폐지구력이 최고조에 달한다. 그리고 열세시간 뒤에는 최고의 체온유지가 되며, 열다섯 시간이 지나면 다시 멜라토닌분비가 시작된다. 이들 중 새벽 세시부터 다섯 시 사이는 폐기인데, 폐기는 인체에 불균형이 오는 시기다. 이때는 기도가 잘 열리지 않기 때문에 천식환자들은 이 시간에 약을 먹는다. 이런 과정에서 한 가지 일에 너무 오래 머무르면, 그것은 곧 법칙의 습관화가 되기 때문에 이럴 때는 충분한 휴식이 필요하다. 따라서 충분한 휴식은 생명에 활력소로 작용하는데, 이들 호르몬의 유동으로 생명들은 젖이나 우유를 먹으며 자라나고 장기들이 형성되면서 이빨도 생겨나고 걷거나 뛸 수도 있게 된다.

ⓒ 이런 과정에서 잠이라는 휴식기간에 호르몬들은 문제들을

풀어나가려고 열심히 일을 하는데, 이 문제풀이시간에 꿈이 이루어진다. 그런데 원시인들은 대체로 꿈을 꾸지 않는데, 이들은 자고 싶을 적에는 자고 놀고 싶을 적에는 마음대로 놀 수 있기 때문에 스트레스가 없어서 그렇다.

ⓓ 충분한 휴식으로서의 잠이 모자란 현대인들은 꿈을 꾸어서 문제들을 풀어나가려 하는데, 엉킨 무의식의 것들을 꿈으로 풀어내지 못하면 그런 것들은 모두 통증이 되기 때문이다. 따라서 꿈은 이로부터 해방하고자 자기 합리화의 직설법을 사용하는데, 꿈의 문장은 〈내가 이러이러했다.〉라는 식으로 시작된다.

ⓔ 대체적으로 꿈은 강력한 두려움을 의식의 마법으로 깨워내고자 하는 반성의식이 들어있다. 그리하여 꿈은 허구로 체험되는데, 허구이지만 벗어나려는 의도에서 생겨난 것들이다. 전에 어디서 들었거나 책에서 읽었거나 또는 드라마나 영화에서 본 것들을 가지고서 확신도 없이 사용하기 때문에 꿈을 완벽하게 해석할 수는 없다. 따라서 꿈의 진실은 5%에 불과하기 때문에 꿈은 그대로 믿으면 안 된다. 왜냐하면 꿈에는 위장술이 들어있고, 이 위장술은 소설쓰기와 닮았기 때문이다.

ⓕ 무의식의 것들이 의식으로 변화되는 과정에서 뇌량의 통제를 받으면 욕구불만이 생겨나지만, 인간은 꿈을 통해 이런 것들을 해결하고자 호르몬들이 일을 한다. 그리하여 꿈은 호르몬들이 시행하는 상상놀이다. 닥친 문제들을 해결 짓기 위한 계산과 기획의 욕망처리기제로, 억눌린 감정이 전치된 형태를 입고 나타난 두려움의 산물이다. 꿈에서는 주로 전이의 방법을 사용하는데, 누군가에게 야단맞고 다른

사람에게 화풀이를 해대는 식의 투사법이나 동일시를 사용한다. 이때의 동일시는 경험을 포장해서 전치를 시켜버리는데, 꿈은 단편적인 것으로 시각이미지만 사용할 수 있기 때문에 비합리적 이미지들은 왜곡되어져 나타날 수밖에 없어서 그렇다.

ⓖ 우리가 깨어있을 때 뇌량의 흐름에서 장애를 만나면 구제될 방법은 없지만, 신은 우리에게 뇌 속 호르몬들을 주어서 신체가 무엇을 원하는지를 다 알도록 해놓았고 그에 따라 호르몬의 활동에는 통제영역이란 없도록 해놓았다.

ⓗ 이들이 육체의 모든 일을 모두 대행하도록 생리작용의 일까지 모두 담당하도록 되어있는데, 꿈에는 소원성취를 이루기 위한 치유요소들이 다 들어있다. 이를테면 죄책감이 심한 사람은 벌 받는 꿈을 꾸게 되고, 실망을 극복해 보려는 사람은 유명한 사람을 등장시켜서 자기와의 동일시로 꿈을 만들어나가는데, 특히 낮에 들어서 기분 나쁜 말이나 자존심을 건드리는 언어들은 신경에 상처를 입혀 신경질이 나도록 하고 신경이 예민한 사람은 약간의 기분 나쁜 말에도 상처를 입는다. 이는 전에 한 번 상처를 받아보았기에 더 이상은 상처를 받지 않기 위한 방어기제이지만, 꿈의 목적은 뇌 속에서 엉겨붙어있는 호르몬의 갈등이나 어려움을 해소시키려는 소망이 들어있기 때문에 호르몬들은 상상놀이를 자주 한다. 그리하여 어떤 때는 괴물이 되기도 하고 또 어떤 때는 천사가 되기도 하면서 온갖 술수들을 다 동원시키는데, 이런 술수의 귀재가 바로 베타엔돌핀이다.

ⓘ 베타엔돌핀은 편도체에 머물면서 기회를 엿보는 분노의 화근덩어리들인데, 이것들이 상상의 원천이다. 이들은 긍정

적인 영상을 만들기 위해 말도 안 되는 영상들을 만들어가며 어떤 문제든 해결하려고 애를 쓴다. 의식되기 이전, 엉킨 정보의 자료들을 가지고 상상의 추측으로 계산해서 감정을 풀어나가는 일을 한다.

(e) 그럼에도 불구하고 꿈은 깨어있을 때와 관련이 있지만, 의식은 무의식에 어떤 명령도 내릴 수 없다. 따라서 꿈은 현실성이 없으면서 다만 인체에서 엉킨 억제의 문제들을 풀어내고자 하는 소원성취의 목적만 들어있기 때문에 꿈은 여러 가지 형태로 나타난다.

　ⓐ 불안몽

　　무의식이라는 자아가 위험상황에 처하게 되면 소리를 지르면서 깨어나게 되는데, 이는 더 이상 진전하지 못한다는 생각에서 꿈꾸기를 포기해 버리는 경우다.

　ⓑ 발현몽

　　꿈을 꾸는 내용 자체를 일컫는다.

　ⓒ 잠재몽

　　꿈에는 숨겨진 의미들이 담겨져 있는데, 이 의미의 방어기제에는 압축·이동·상징화·퇴행 등이 있다. 이런 기제들 때문에 꿈은 왜곡되거나 변형되어져서 나타난다. 이를테면 시어머니가 개로 둔갑되어 나타난다든지 아니면 어머니가 문둥이로 둔갑되어지는 일이다.

(f) 우리가 깨어있을 때에는 유난스럽도록 특별한 부분이나 인상적인 부분들은 선명하게 남아서 구체적으로 설명을 할 수 있다. 그러나 꿈을 다 기억하지 못하는 이유는 해마에서 피질로 정

보가 이동될 때 뇌 회로의 길이 끊어졌다 이어졌다 반복되기 때문이다.

(8) 꿈을 해석하려면 연상되는 부분을 말하도록 해야 되는데, 이때는 두 번에 걸쳐서 말하도록 해야 한다. 두 번의 이야기 중에서 서로 맞지 않는 부분이 있다면, 거기에는 거짓이 포함되어 있기 때문에 이를 잡아내야 한다. 왜냐하면 꿈을 말하는 과정에서 의식은 거짓을 덧붙이기 때문이다. 인간이 사용하는 언어나 글자는 모두 상징체계로 되어있고, 물체는 물리파동의 진동수를 이야기방식으로 결집되어 있기 때문이다. 이로 인해 꿈은 상징법만을 고수하기 때문에 만일 상징법을 모른다면 꿈의 해석은 불가능하다.

ⓐ 비유에는 원관념도 있고 보조관념도 있다. 그러나 상징에서는 원관념이 생략되고 보조관념만 나타나기 때문이다. 이를테면 〈이 사람은 네 엄마다.〉라고 했을 때 〈엄마〉라는 뜻을 모른다면 그 의미도 알 수 없다. 다시 말하면 〈엄마〉는 낳아주고 길러주면서 보살펴준 여자임을 알아야 내용도 이해된다.

ⓑ 우리가 말을 하려 할 때도 마찬가지다. 상징법부터 배워야 말귀도 알아듣게 되는 것처럼 꿈의 해석도 똑같다. 이런 과정에서 생겨나는 실어증은 발생기관의 장애는 아니라 내부의 세포들이 상징기능을 터득하지 못해서 나타나는 증세다. 왜냐하면 소리언어나 글자이미지는 실재의 물질형태와 전혀 닮지 않았기 때문이다.

ⓒ 꿈은 분석이 필요하다. 어린 시절에 나를 아프게 했던 말들은 신경세포들에 영원히 남아있으면서 그것이 해결될 때까지 잠재되어 있다가 불현듯 꿈으로 나타나기 때문이다. 그

리하여 꿈에서 사용되는 대체물들은 현재까지 들어왔던 전설이나 책에서 읽었던 이야기들까지 모든 자료들을 다 이용한다. 꿈에서 이용되는 상징은 대체로 이런 것들이 있다.

- 아내 = 자신의 감정
- 여자 = 에로스라는 창조의 비밀
- 남자 = 목적 있는 이성 물·이성을 중시하는 순수한 로고스
- 식사하는 일 = 동화되기 위해 콤플렉스를 먹는 일
- 추한 이미지 = 부정적 영향
- 가족 꿈 = 가족에게 문제가 있을 것이라는 생각에서 나온 발상
- 뱀 = 여자
- 소 = 열정
- 아이 = 내 모습
- 건물 = 엄마
- 불 = 폭발적인 성격
- 변기 = 인간쓰레기

(h) 꿈꾸기의 예

ⓐ 성경 속 인물 요셉(BC1915년~BC1805년)의 꿈

- 우리가 밭에서 곡식의 단을 묶고 있는데, 내 단은 일어서고 당신들의 단은 내 단을 둘러서서 절하더이다.
- 해와 달과 열한 별이 내게 절하더이다.
- 그런 꿈 이야기 때문에 요셉은 형들의 농간으로 애급에 팔려가게 되었고, 애급의 감옥에서 관원장의 꿈을 해석해 준 일 때문에 바로 왕의 꿈도 해석해 준 결과 삼십삼 세에 애급의 총리가 되었다. 그리하여 어렸을 적의 꿈대로 되

었다.

ⓑ 아우구스트 케쿨레(1829~1896)의 꿈

　케쿨레는 독일의 유기화학자다. 그는 낮에 마차를 타고 가던 도중 깜빡 졸았는데, 그 순간에 꿈을 꾸었다. 자기의 꼬리를 물고 늘어지는 뱀의 꿈을 꾼 것에서 영감을 얻어 벤젠(C_6H_6)의 6각형 고리구조를 찾아내었다.

ⓒ 지그문트 프로이트(1856~1939)의 꿈

　오스트리아 비엔나 출신의 유대인인데, 정신과 의사이면서 정신 분석학을 창시한 사람이다. 그는 7~8세 때 부모의 성교장면을 목격하면서 오줌을 쌌는데, 아버지가 프로이트를 나무랐다. 〈이 녀석은 아무짝에도 쓸모가 없어.〉 그 말을 들은 프로이트는 아버지를 죽이고 싶었지만 그러지를 못했었는데, 그 날 밤에 프로이트는 꿈을 꾸었다. 그것은 성인남자가 기차역에서 성기를 내놓고 오줌을 싸고 있는 꿈이었다. 이에 대하여 프로이트는 훗날 이렇게 해석하였다. 그 꿈은 아버지에 대한 보복의 꿈이었는데, 이것 보세요. 나도 이젠 쓸모 있는 사람이 된 겁니다. 라는 의미였다고.

ⓓ 구스타프 융(1875~1961)의 꿈

　스위스의 정신의학자이면서 분석심리학의 창시자인 융은 보수적인 성직자 아버지와 정서장애의 우울증을 앓고 있던 어머니 사이에서 맏아들로 태어났다. 어려서부터 가정은 평탄치 못한 탓에 융은 3~4세 때부터 꿈을 꾸기 시작하였다. 그런데 자기는 결코 구한 적이 없는데도 수시로 찾아오는 환영들이 머릿속에 나타나 설쳐대면서 무시무시한 장면들을 연출해냈었다. 이 때문에 융은 〈꿈의 분석〉을 연구한 끝에 "자신의 아픈 열등감을 오랫동안 방치하면 그것들이 요동을 치는데, 더 오랫동안 놔두면 의식에 침투해서 결국에는 인격의 해리까지 불러온다."라는 결정을 내렸다. 이로 인해 융은 〈의식〉과 〈무의식〉, 그리고 〈콤플렉스〉라는 단어를 창안해 내었다. 그리하여 〈콤플렉스〉란 억눌린 정서의 강력한 연상군들이라고 정의를 내렸다.

ⓔ 저자의 꿈으로

■ 문둥이에게 쫓기는 꿈

아홉 살 적이었다. 낮에 친구가 말을 해주었다. "요즘에는 문둥이들이 우리 또래의 아이들 간을 빼먹으려고 길에 많이 돌아다니고 있단다. 문둥병에 걸리면 다른 약은 없고, 다만 우리 또래의 애들을 잡아다가 그 간을 빼먹으면 병이 낫는단다." 그 말을 듣고서 얼마나 겁이 났었던지 밤에 꿈을 꾸었다. 달밤인데 문둥이 할아버지가 저자를 잡겠다며 계속 따라왔다. 걸음아 나 살려라 하면서 죽을힘을 다해서 뛰다가 뒤를 돌아다보면 여전히 문둥이할아버지는 바로 뒤에서 쫓아왔다. 저자는 너무 무서운 나머지 당시에 살고 있던 판잣집의 판자들까지 뚫고 다니면서 쫓기다가 꿈에서 깨어났다. 이제 돌이켜 생각을 해보니 그 꿈은 이러했다. 당시 다른 남자에게 재가한 엄마는 저자를 끈질기게 설득해서 같이 살자 해놓고서 낯선 의붓아비에게 아버지라 부르라며 재촉해 대면서 몹시 구박을 했었는데, 그런 미운엄마가 문둥이할아버지로 둔갑되어 나타났던 거였다. 괴로움은 노르아드레날린을 과다분비 시켰으므로 이를 해결 짓기 위해 인체가 그런 꿈을 꾸었을 것이라고 생각된다.

■ 소에게 손등을 물린 꿈

고등학교 2학년 때였다. 저자가 고향집 부엌에서 상위에 밥을 그릇에 담아서 상 위에 놓고 있었는데, 부엌 바로 뒤에는 외양간이 붙어있었다. 그런데 외양간의 소가 고개를 내밀고서 상위에 퍼놓은 밥을 먹기 시작했다. 저자가 소의 콧잔등을 탁 치면서 나무랐다. "이놈의 소가 왜 밥을 먹어." 그러자 소는 저자의 손등을 꽉 물었다. 손등이 너무 아파 꿈에서 깨어났는데, 깨어나서도 손등은 여전히 얼얼하며 아팠다. 그래서 엄마에게 꿈 이야기를 했더니 엄마가 달력을 자세히 짚어 보고 말하였다. "야, 오늘 저녁이 네 할머니 제삿날이로구나. 어서 작은 집에 가봐라. 그것들이 제사나 잘 지내는지 모르겠네." 하면서 소고기 한 근과 고등어자반 한 손을 사서 들려주었다. 작은 집에 가니 작은 엄마가 반겼다. "그러지 않아도 걱정을 많이 했다. 아무 것도 없는데, 물이라도 떠놓고 제사를 지내야 하나 말아야 하나 저울질을 하던 참인데 네가 왔구나. 잘 왔다. 이것 가지고 제사는 지내야지." 하며 그날 할머니 제사를 지냈다.

■ 마취주사를 맞고 수술대에서 꾼 꿈(1)

스물여덟 살 때의 일이다. 감기인 줄 알고 감기약을 먹었다. 그런데 나중에 보니, 임신이었다. 감기약이 태아에게 영향을 줄 것 같다는 생각에서 낙태수술을 받으러 병원에 갔다. 마취제를 맞고 수술실에서 저자는 꿈을 꾸었다. 하얀 드레스를 입고 하얀 구름 위에서 춤을 추었는데, 너무 기분이 좋다가 깨어났다. 그 사이 수술은 끝이 났다.

■ 마취주사를 맞고 꾼 꿈(2)

서른세 살 때의 일이다. 암은 아니지만 자궁 안에 이상세포가 있다며 의사가 자궁절제를 권했다. 당시는 아이 셋을 다 낳은 뒤인지라 저자는 흔쾌히 응했고 곧 수술에 들어갔다. 마취주사를 맞으며 수술실을 향하는데, 이러다가 곧 죽는 게 아닌가 하는 염려가 찾아왔다. 그 순간 엘리베이터의 문이 열렸는데, 그 문이 저승사자의 입처럼 느껴져서 속으로 읊조렸다. 아, 나는 이제 죽는구나. 점쟁이가 서른세 살에 죽을 수라고 하더니만 기어코. 그때 저자는 보았다. 내 혼이라고 불리는 콩 알만 한 회색먼지덩어리가 하늘로 끝없이 올라갔다. 무언가 잡아야 되는데, 아무것도 잡을 것이 없어 저자가 물었다. 여기는 왜 아무 것도 없어요? 그때 누군가 알려주었다. 저 세상에서 아무 것도 믿지 않았으니까 잡을 것도 없는 거다. 그 말을 듣고 저자는 고개를 끄덕였다. 아하, 그러니까 무엇이든 믿어야 잡을 것도 있게 되는구나. 그리고 깨어나 보니 주위에는 온통 시체들뿐이었다. 여긴 어디지? 두리번거리는데, 간호사가 다가왔다. 이제 깨어나셨군요. 밖으로 나가세요. 간호사가 저자가 누워있던 침대를 밀고 복도로 나가자 남편이 반겼다. 왜 이렇게 늦게 나와. 아침 여섯 시에 들어갔는데 벌써 저녁 여섯시잖아. 무려 열두 시간이나 걸렸어. 난 죽었나 했지. 저자는 그저 잠시 꿈을 꾸었을 뿐인데, 벌써 열두 시간이 흘렀다는 거였다. 저자가 이때의 경험으로 인해 요한 계시록에 적힌 말이 이해되었다. 이를테면 천년이 하루 같고, 하루가 천년 같다는 말이. 그 후 예수를 믿기 시작했고 오랜 공부 끝에 내 혼의 정체도 알게 되었다. 콩알만 한 회색의 먼지덩어리는 바로 저자의 혼으로 뇌하수체라는 것을. 영혼의 기갈은 호르몬의 기갈이었다.

ⓕ 온이의 꿈

내 막내아들 온이는 가끔 잠꼬대를 한다. 〈엄마, 아빠가
너무 무서워서 못살겠어. 우리 아빠 없는 곳으로 도망가서
살자. 너무 무섭단 말이야.〉

(i) 이상에서 꿈은 내면속의 무의식들이 무슨 문제이든 풀어보
려고 요동치는 놀이에 불과하다는 것을 알았다. 따라서 꿈은 낮
에 들었던 어떤 말이나 사건들과 연관이 되어있고, 그것들은 무
엇이든 의미되어 표현되기를 소원하고 있다. 그리하여 스위스의
정신분석학자 융은 『꿈의 분석』에서 〈꿈이란 소설쓰기와 같다.〉
라고 하였다.

(j) 꿈 이야기로부터 시작된 소설에는 치유의 효과가 들어있다.
소설은 자신이나 이웃들의 어떤 사건에 대한 이야기를 주로 다루
는데, 이때는 주제가 하나로 이어진다. 즉 노예적인 삶을 살아가
는 소설 속 주인공은 소설의 구성과 함께 이해하기 어려운 난관
을 뛰어넘어 승리의 쾌거를 올리는 일을 다룬다. 이때 맛보는 승
리의 쾌감은 통쾌한 희열을 느끼게 해서 감동의 카타르시스 역할
을 하게 된다.

ⓚ 카타르시스를 느끼면 우리 몸에서는 다이돌핀호르몬이 솟
아나서 모든 병을 낫게 해 주기 때문에 치유호르몬이다. 즉각적
인 체험의 세계로 들어가서 얽매임으로부터 해방되게 해주는 장
르가 바로 소설인 것이다.

3. 문학치료법

1) 감정표현의 언어

① 언어의 능력

(a) 병이란 우리가 생각하는 것보다는 지극히 작은 것으로부터 시작된다. 별것도 아닌 것을 가지고 스스로 상상으로 생각을 부풀려서 만들어 놓은 것들이 병으로 나타나기 때문에 마음을 바로잡는 일은 매우 중요하다.

(b) 인간의 특권으로 사용되는 약은 의식에만 영향을 줄 뿐, 무의식에는 아무런 영향도 주지 못한다. 그럼에도 불구하고 대부분의 사람들은 약을 사용하는데, 병을 고치기 위한 약물은 거의 독성이 들어있기 때문에 상당부분에 걸쳐서 신경을 죽여 버린다.

(c) 우리의 무의식에 가장 큰 영향을 줄 수 있는 것은 언어뿐이다. 왜냐하면 호르몬에서 언어가 만들어지고, 또 언어로 인해 호르몬이 조성되기 때문이다. 예를 들어 어떤 사람이 말한다.

〈마음에 무척 걸려요. 아이가 아파 학교에도 못 가겠다는 것을 굳이 강제로 보냈는데, 그날 돌아오는 길에 사고로 변고를 당해 죽고 말았어요. 그럴 줄 알았더라면 강제로 보내지는 말았어야 했는데.〉 이는 후회의 감정을 표현한 말이다. 가슴이 아프다는 말은 후회의 감정과 동일한 의미를 가지지만, 후회는 이제 다 소용없다는 일이 되고 말았다는 것이다. 그런데 마음에 걸린다는 말은 마음의 호르몬들이 엉키어있다는 의미다. 호르몬들이 유동되지 못하고 엉키어 있으면 압박감이 오는데, 이럴 경우에는 충분한 그때 그 상황의 설명으로 이야기를 나누면서 털어내면 마음은 후련해지면서 답답함은 사라진다. 답답함이 사라지면 치유가 되었다는 증거다.

(d) 사람이 바꾸어지려면 말부터 바꾸면 된다. 인생의 여정이란 말을 따라서 흘러가는 것이기 때문이다.

    ⓐ 사람은 〈사랑〉이란 말을 하면서 〈심장〉을 가리킨다. 심장은 마음의 중심인 〈혈액의 공급소〉이기 때문이다.

    ⓑ 말은 로고스이기 때문에 억압적인 질서가 서려있다. 왜냐하면 언어란 사람간의 약속이라는 상징들로 이루어져 있기 때문이다.

    ⓒ 언어패턴은 어려서 배우고 익힌 대로 나타내진다. 그런데 언어를 익히는 과정에서 언어란 실재의 감각적인 경험에서 벗어나서 선과 시간의 차원에서 그려지게 됨에서 이때 신경호르몬들이 선택적인 작용으로 삭제·왜곡·일반화가 시행되기 때문이다. 이 때문에 사람마다는 감정을 다르게 표현하게 된다.

    ⓓ 이때 나타나는 것이 아와 어의 차이다. 같은 사람을 보더라

도 어떤 사람은 아라고 말할 수 있고 또 어떤 사람은 어라고 말을 할 수도 있다. 당신이 열심히 일을 하는 사람이라면, 매사는 긍정적인 생각이 들면서 쾌감도 일어나서 알파파가 생겨나게 된다.

ⓔ 만일에 긴장을 하고 있다면, 독성물질베타파가 생겨나면서 짧은 단어를 사용하게 되고 강세부분들에는 반복되어지는 현상이 나타날 것이다.

ⓕ 눈치 없는 사람은 자기의 일만 알면서 고집이 세다.

ⓖ 눈치 빠른 사람은 남의 일까지 알아 일처리를 능숙하게 할 것이다.

ⓗ 외도하는 일에 길들여져 있다면, 어려서 충분한 사랑을 받지 못했기 때문에 빈 공간에 사랑을 채우기 위해 여러모로 애를 쓰지만, 그런 사랑은 어디에도 없다. 빈 공간을 채우려면 자기 스스로 사랑을 만들어야 된다. 그것은 스스로를 사랑해주는 일이다.

(e) 맑으면서도 곱고 투명한 목소리는 건강하다는 증거이며, 아름답고 듣기 좋은 음성으로 용기를 주는 좋은 말을 해주면 상대의 기분도 좋아지면서 사랑도 싹트게 된다.

(f) 인간을 발음하게 하는 정확한 위치를 찾아낸 사람은 프랑스의 신경학자 폴 피에르 브로카(1824~1904)다. 그는 1861년에 전두엽의 왼쪽 일부영역인 청각피질과 시각피질의 연결로에서 발음이 된다는 사실을 알아냈다.

② 듣기 좋은 말

ⓐ 두뇌의 중간에 있는 뇌량에서는 말을 걸러내는 장소이기 때문에 여기서 기분을 만들어낸다.

ⓑ 관계를 좋게 하려면 경청·존중·수용·믿음·격려·지지·협상 등을 고려해서 사용해야 된다.

ⓒ 감정을 순화시켜주는 소리언어에는 아래와 같은 것들이 있다.
   ⓐ 자연의 소리에서 새소리·바람소리·빗소리는 생명들의 감정을 순화시켜준다. 이들은 생명에 해를 끼치지 않기 때문이다.
   ⓑ 아름다운 곡조의 음악을 들으면 감정은 순화된다.
   ⓒ 좋은 글귀도 감정을 아름답게 만들어준다.
   ⓓ 연하면서도 부드러운 소리들은 혈액의 흐름을 원활하게 해주기 때문에 카타르시스 효과가 나타난다.

③ 듣기 싫은 소리

ⓐ 정서의 입력과정에서 께름칙한 상황에서 어떤 소리들이 입력되면 그 상황적 느낌들까지 고스란히 입력되기 때문에 언어를 익힌다는 것은 생각하는 방식을 익히게 되는 일이다.
   ⓐ 큰 소리는 진하게 박히고 작은 소리는 얇게 기록된다.
   ⓑ 작은 소리는 큰 소리에 묻히고 큰 소리에는 공격성이 들어 있어서 신경에서는 아드레날린호르몬이 분비된다. 아드레날린호르몬의 과다 분비는 신경에 손상을 입힌다.

ⓒ 대부분의 큰 소리는 공장에서 나는 굉음이나 하늘에서 울리는 천둥소리 또는 폭언이 있다. 이런 큰 소리들은 상대의 마음에 충격을 주어 상처가 만들어진다.

ⓓ 사람이 들을 수 있는 소리가 가청음파인데, 유아들은 초당 16~20,000헤르츠(㎐)의 소리만 들을 수 있고 일반인들은 20~16,000헤르츠의 소리를 듣는다. 예외적으로 20,000 헤르츠 이상의 소리를 듣는 사람도 있지만, 대부분의 사람은 초당 100헤르츠 이하의 저주파소리들만 들을 수 있다. 그런데 아주 큰 소리는 고막이 터트리거나 육체의 내부로 들어가서 천식·편두통·두드러기·류머티즘 등을 일으키기도 한다.

ⓑ 지렁이도 밟으면 꿈틀거린다. 사람도 마찬가지인데, 누구든지 건드리면 좋아할 사람은 아무도 없다. 따라서 그에 대한 반응도 나타나기 마련이다. 이때 생겨난 분노는, 가벼운 거슬림에도 격노하게 됨에서 행위로까지 이어지게 되는데, 이는 세로토닌호르몬의 감소가 원인이다. 세로토닌호르몬의 감소는 우울감과 공격성을 증대시키면서 부정적인 정서를 발동시켜놓는다. 그로 인해 분노를 참으면 고혈압으로 발전되고 터트리면 사람들과의 관계는 엉망이 되고 만다.

ⓒ 참음으로서의 축적되는 감정은 덩어리로 변해서 항상 마음을 무겁게 만들었다가 통증이 된다. 따라서 감정들이 뭉치기 전에 그때그때의 사실들을 솔직하게 언어나 행동으로 발산시켜야 통증은 나타나지 않는다.

ⓓ 사람을 화나게 만드는 폭력적 어투에는 다음과 같은 것들이 있다.

　　ⓐ 비하어 = 〈빌어먹을 인간아.〉·〈너는 왜 항상 그 모양이냐? 미화같이.〉

　　ⓑ 멸시어 = 〈이 바보 천치야.〉·〈이 멍청아.〉·〈몹쓸 인간.〉· 〈아무 것도 할 줄 모르면서 학벌만 높으면 뭘 하냐.〉

　　ⓒ 핀잔어 = 〈왜 그렇게 했어? 바보처럼.〉·〈하나도 쓸모가 없는 인간이야.〉

　　ⓓ 책망어 = 〈넌 왜 늘 그 모양이니?〉

　　ⓔ 질책어 = 〈띨띨해 가지고는.〉

　　ⓕ 비난 어투 = 〈네까짓 게 뭐.〉

　　ⓖ 비교어 = 〈다른 사람은 이런데, 너는 왜 그러냐?〉

　　ⓗ 명령어 = 〈하지 마.〉·〈치워.〉·〈저리 비켜.〉·〈팔을 펴.〉· 〈고개를 끄덕여.〉·〈발을 내려.〉 등 자신의 의지와는 전혀 상관없는 것들의 모순된 일의 강요의 지시어들이 이에 속한다.

ⓔ 인간관계를 해치는 언어나 행동에는 이런 것들이 있다. 즉 지시·비판·비난·불평·원망·잔소리·협박·벌주기·매수·회유 등이 있다.

ⓕ 파괴적인 은유에는 다음과 같은 것들이 있다.

　　ⓐ 거짓 평안: 〈괜찮다.〉라는 언어는 거짓말이다. 우리가 아무렇지도 않은 것처럼 가장을 해서 사용하지만, 그것은 속과 겉이 다른 표현법이다. 거짓말을 하면 양심의 가책이라는 심장의 두근거림으로 인해 그 주파수는 3~6헤르츠가 더

높게 나온다. 길거리의 신호를 위반했을 때도 그렇다. 막상 그 자리에 경찰은 없었지만, 불법을 자행했다는 양심의 발동이 심장을 두근거리게 만들기 때문이다.

ⓑ 축구경기에서 〈영수야, 잘해.〉라고 누가 말을 던졌다고 하자. 이렇게 던진 긴박한 목소리는 영수로 하여금 비판을 받으면서 감시당한다는 느낌이 들도록 만든다. 따라서 불편한 마음으로 변해서 실수를 하게 만든다.

ⓒ 골프를 칠 때도 다른 사람에게 실수를 지적하고 나면 자기도 모르는 사이에 똑같은 실수를 저지르게 된다. 사람의 비판과 기대의 무게에 굴복되기 때문에 마음이 불편해져서 실수를 하게 되는 것이다.

(g) 남편의 깐죽거리는 말투가 항상 저자의 신경을 자극해서 짜증나게 만든다. 같은 값이면 왜 좋은 말은 하지 못하는 것일까? 생각 끝에 답을 얻었다. 아하, 저 사람은 부모로부터 저런 말만 듣고 자라났기 때문에 아는 것이 저런 말밖에 없구나.

(h) 그리고 보면 좋은 말을 하는 법도 나쁜 말을 하는 법도 다 그 나름대로의 기술이란 걸 깨닫게 되었다. 같은 값이면 다홍치마라는 말도 있다. 비싼 밥 먹고 사는데, 같은 값이면 좋을 말을 하면서 살면 자신도 행복해질 것이다.

④ **품격 있는 언어**

(a) 사람은 꿈만 먹고 살 수는 없다. 왜냐하면 꿈과 현실은 전혀 다르기 때문이다. 그러므로 현실을 직시하는 눈부터 길러야 되는

데, 그러려면 자연에서 인생의 진리를 배워야 한다.

ⓐ 섬진강의 강변에서 세찬 비바람을 맞으면서도 매혹적으로 피어난 아름다운 홍매화를 보라. 홍매화는 겨울의 세찬 추위와 눈보라 속에서도 시들지 않고 자기 극복의 삶을 이어 감으로써 결국에는 봄이 오는 동시에 피 빛의 아름다운 꽃 송이를 피워낸다.

ⓑ 세상에서 가장 신명나는 일은 자기가 하고 싶은 일을 할 때 다. 왜냐하면 인간은 하나의 체계이기 때문이다. 몸과 마음 은 한 곳을 지향하는 똑같은 목적을 가지고 있으므로 어떤 생각의 결과로 행동은 자동적으로 움직여지게 되어 있어 서다. 그에 따라 언어도 발산되기 때문에 어떤 행동 뒤에 숨 겨진 언어문법을 발견한다면 그 사람의 생각도 읽어낼 수 있다.

ⓒ 언어의 교육과정에서 어느 부분이 결여되면 품격 있는 언 어는 사용하지 못하게 된다. 왜냐하면 언어에는 자의성은 있어도 절대성이 없기 때문이다. 그리하여 자신의 욕구를 충족하지 못하면 욕구는 욕망으로 변해 버린다. 이런 욕망 들은 스스로를 해치게 되는데, 욕망이라는 엉킴이 세포를 결핍으로 만들어서 불안이 생겨나게 만든다. 그런 결핍에 대하여 인체는 평행을 유지하려 애를 쓰게 되는데, 이것이 스트레스다.

(b) 우리 안에 불안이 생기는 것은 순전히 코르티코스테론호르 몬의 분비가 증가된 탓이다. 이렇게 되면 스트레스 장애자는 특 정 단어를 길게 발음하거나 얼굴 근육을 많이 써야 되는 소리는 발음하지 못하게 되는데, 이유는 가슴에서 생겨난 통증 때문이다.

이런 통증은 발음에 영향을 주는데, 사람이 긴장되면 짧은 단어를 사용하게 되고, 강조하고 싶으면 반복어를 사용하게 된다.

ⓐ 이렇게 되는 이유는 신경 속에 있는 혈액이 움직이지 않으면 그 순환에 지장이 와서 위장은 움직이지 않게 된다. 위장이 움직이지 않으면 소화력은 감퇴되면서 위장장애가 일어난다. 이런 장애들이 반복되면 염산은 응고되면서 위 점막을 해쳐 위궤양이 올 수도 있다.

ⓑ 이런 연동성 때문에 외부의 지속적인 간섭은 그 저지의 억지로 인해 주눅이 들게 됨에서 남의 눈치를 살피게 된다.

ⓒ 사람은 무슨 일에든 항상 기본에 충실하면 실수는 없어진다. 너무 많은 일을 하는 것 보다는 실천이 매우 중요하며 너무 먼 것을 찾기보다는 오늘의 요점부터 정리해서 그것에 충실하면 된다.

ⓓ 인간 삶의 목표는 자기주도적인 삶을 살기다. 그러므로 타인중심이 아닌 자기 스스로의 온전한 사람이 되려고 노력하면 된다.

ⓔ 사람을 변하게 하려면 일만 권의 책 보다 한 마디의 좋은 말을 해주면 아주 족하다. 즉 〈나는 너를 사랑한다.〉, 〈미안하다. 그동안 내가 잘못했으니 용서해라.〉, 〈그래, 그동안 얼마나 힘이 들었었니?〉 등 격려의 말은 사람의 감정을 아름답게 순화시켜주기 때문에 감정의 상처는 치유될 수 있다. 왜냐하면 듣기 좋은 말은 생리현상에서 치유호르몬 엔돌핀이나 다이돌핀이 생겨나도록 해주기 때문이다. 이들은 세포를 활성화시켜서 살려내는 호르몬들

이다.

    ⓐ 사람이 가장 듣고 싶어 하는 말은, 〈사랑해.〉. 〈미안하다.〉. 〈참 잘했다.〉라는 칭찬의 말이다.

    ⓑ 평화를 가져다주는 말은 〈내가 잘못했다. 우린 천생연분이야.〉이고, 자신감을 갖게 하는 말은 놀라는 표정으로 〈어떻게 그런 생각을 다했어?〉 〈당신을 믿어.〉, 〈넌, 할 수 있어.〉, 〈당신과 함께 있으면 왠지 기분이 좋아.〉, 〈네가 참으로 자랑스럽다.〉, 〈무척이나 보고 싶었어.〉, 〈나에겐 당신뿐이야.〉, 〈당신이 최고야.〉, 〈역시 당신은 달라.〉라는 말들이다.

    ⓒ 소망의 말은 〈꼭 될 거다.〉이며,

    ⓓ 특히 용기를 주는 말은 〈넌 뭐든 할 수 있어.〉. 〈사랑해.〉라는 말뿐이다.

    ⓔ 부드러운 언어는 〈만일 이렇게 하면 좋지 않았을까?〉, 〈그렇게 하면 ~할 수도 있겠다.〉, 〈당신 생각은 어때?〉, 〈내가 도울 수는 없을까?〉 등이다.

2) 시와 수필

① 시에 대하여

  (a) 일기에서 시작된 시 쓰기는 자연현상과 인생과정이 같다는 것을 빗대어서 쓰는 글이다. 조용한 음악을 들으면 지나간 추억들이 떠오르는데, 하루 속의 잡기를 산문으로 쓰면 수필이 되고,

외양적인 율격을 갖추면 시가 태어난다.

(b) 시인은 언어나 글자의 발견자다. 시를 쓰려면 말속에 숨어 있는 함축적인 의미인 상징·비유·은유들을 잘 살려내야 되기 때문이다. 평소 하는 말엔 별스런 의미가 없지만 시인은 언어들에 서로 다른 의미를 부여하기 때문에 그 해석도 달리 나타나기 마련인데, 시인들이 쓴 난해한 언어를 해석하면서 정리정돈을 해주는 사람을 철학자라고 부른다.

(c) 세상에서 나를 힘들게 하는 것은, 억압에 의한 용납할 수 없는 감정들이다. 대표적인 것이 불쾌감인데, 불쾌의 감정은 자신을 보호하려는 의도에서 생겨난 감정으로 소화를 방해한다. 이때 꼬여진 마음은 자기가 보고 싶은 것만 보고, 듣고 싶은 것만 들으면서 하고 싶은 일만 하는 이기적인간이 되어버린다. 이를테면 화자가 A라고 말을 했는데, B라고 알아듣는다. 즉 상대의 말을 오해해서 받아들이기 때문에 병폐가 생겨난다.

(d) 기쁘면 머리는 가벼워지고 즐겁지만, 슬프면 머리가 무거워지면서 아파진다. 왜냐하면 모순된 일의 강요는 도파민호르몬을 많이 방출케 하는데, 도파민은 부정적인 정서를 발동시켜서 우울을 초래하거나 공격적이 되도록 하는 호르몬이다.

(e) 화가 나는 것을 참으면 고혈압이 되고, 터트리면 관계는 엉망으로 되기 때문에 생각의 방법부터 바꿔야 된다. 의식을 전환시키려면 인지를 재구성시켜야 되는데, 이때는 글쓰기가 가장 좋다. 따라서 시 쓰기의 연금술과정은 마음을 바로 잡는데, 가장 효

과적인 방법이다.

② **수필 쓰기**

ⓐ 수필은 자기의 경험을 가지고 주제와 관련된 사회의 이슈나 교훈을 연결 지어 쓰는 형식의 글인데, 세상에서 떠돌고 있는 흔한 이야기가 아닌 특별한 이야기만 골라서 읽기 쉬운 언어로 설득력 있게 쓰면 된다. 다시 말하면 삶의 길에서 깨달은 이야기·고뇌나 환희나 공상에 관한 것·황홀경·애절함·망향이 깃든 가슴에 꽃을 피울 수 있는 이야기·사랑이야기 등이 좋다.

ⓑ 이때는 주제가 드러나지 않도록 제목을 정해야 되고, 과거에 나왔던 제목은 피하는 것이 좋으며 독자는 잔소리를 싫어하기 때문에 첫 문장은 짧게 써야 한다. 그러나 주제는 강조되어져야 하며 생략부호나 부호가 많은 것은 좋지 않다. 특히 접속부사인 그러나·대신·하지만 등은 넣지 말아야 된다.

ⓒ 수필을 쓸 때 연역적 방법은 주로 대가들이 많이 사용한다. 이를테면 〈한강은 나의 고향이다.〉에서 강의 의미를 먼저 적고, 그 다음에 강에 얽힌 사연을 적으면서 생활이야기를 쓰면 된다.

ⓓ 귀납적 방법은 자기 이야기의 사실을 제시한 다음에, 자연·사색·성찰·생활의 자세를 쓰고 결말에는 덧없지만 성실히 살아가리라는 각오로서의 설득이 필요하다. 사실을 제시한 뒤, 사실의 의미를 찾아 기승전결로 엮은 다음 앞의 것과 연결을 지어 새 삶을 찾는 것으로 끝내면 좋다. 단 자기의 목소리는 내지 말아야 하

기 때문에 작품 뒤에 숨어서 옆의 소리로 들려줘야 한다.

(e) 수필을 쓸 땐 독창성이 깃들여져야 되며, 중복적인 표절은 안 된다. 같은 의미일리자도 다양하면서도 적절한 언어들이 사용되어져야 하고 강세부분은 의문문으로 바꿔서 쓰는 것이 좋다. 예를 들어 〈세상이 아름답다.〉라고 쓰기 보다는 〈세상은 그 얼마나 아름다운가?〉라는 식이면 더 좋다.

③ 그 외의 글
(a) 독서 감상문
ⓐ 글을 쓰려면. 많은 책을 읽어두는 것이 좋다. 책을 읽어둔 지식들은 글을 쓸 때 마중물이 되어준다. 이때는 책을 읽은 얼마 후에는 곧 잊어버리기 때문에 독서 감상문을 써놓으면 더 유리하다. 독서 감상문에서 책의 내용을 잘 파악하려면 세 번 읽은 다음 내용을 정리한다.

ⓑ 글의 핵심 찾기에서는 단락과 문단을 나누어 내용을 정리하고, 그 다음에는 비유·상징·반어법·역설 등의 공통점을 찾아 세상의 원리에 대입시켜 본다.

ⓒ 책을 읽으면서 깨달은 바를 따로 적어놓고 가끔씩 읽어보면서 항상 마음에 새기도록 노력한다. 마음에 새겨지면 행동도 자연스럽게 따라짐에서 삶의 방식도 변하게 된다.

ⓓ 상황이나 사건에 대한 전 행동 찾기에서 주인공은 왜 그런 행동을 했는지를 살펴야 되는데, 근심걱정에서 풀려나 자유로운 영혼이 되려면 자신의 생각인 감정적인 생리변화를 스스로 인식할 수 있어야 되는데, 이런 인식이 되면 내적변

화가 일어나 행동도 자연스레 변하게 된다.

ⓔ 지문의 독해는 저자의 오류를 잡아내기 위한 분석이다. 이
때는 불충분한 곳도 지적해 보고 관련된 이미지를 찾아 분
위기도 파악해야 된다. 그리고 운율·강조·변화·사상의 전
개방식까지 기술해 두면 나중에 도움이 된다.

ⓕ 저자의 의도를 찾는다. 저자는 무엇 때문에 이 글을 써야
되었는지에 대해 살피기 위함이다.

(b) 문학비평

문학비평의 소임은 어떤 시나 소설을 칭찬함으로써 자기의
세계를 찾아 일궈나가는 일이기 때문에 문학을 비판하는 동시
에 그 본원의 의미를 이해하려는 행위다. 개성의 통찰로 가치
를 평가하는 일이므로 자아성찰을 돕기 위해 쓰는 글임을 명
심해야 된다.

(c) 논술

논술을 쓰려면, 객관적 근거가 있어야 된다. 개관적 근거도
없이 주관적인 주장만 되풀이 하면 안 되고, 느낀 점도 없이
책의 줄거리만 늘어놓아도 안 된다. 이때는 서론·본론·결론의
구성으로 써야 되는데, 주장이나 근거를 논리적으로 연결시켜
쓰면 된다.

(d) 영화·드라마·소설의 줄거리 시냅스를 적어놓는 것도 좋다.

3) 소설과 연금술

① 소설 쓰기

(a) 우리가 인생의 길에서 가장 힘들었던 시간의 경험을 트라우마라고 부르는데, 강력한 정신의 충격에서 받은 불안 심리를 일컫는다. 그리스어 traumat(트라우마트, 상처)에서 나온 말인데, 선명한 시각이미지로 입력되는 것이 특징이다. 대부분의 시각이미지들은 장기기억으로 저장되어 있다가 비슷한 상황이 닥치면 불안해지거나 심한 감정의 동요가 찾아오게 된다. 그리하여 당시에 느꼈던 감정들을 구체적으로 상세히 풀어서 적어보면 어떤 점에서 잘못이 있었는지를 알게 되고 아무 일도 아님을 스스로 알게 되면 감정은 정화되기에 이른다.

ⓐ 말로 풀어나가는 것보다 글을 쓰다보면 수세미처럼 엉켜있던 생각의 실타래들은 하나하나 풀어지게 된다.

ⓑ 가장 힘들었을 당시 나의 진심은 무엇이었는지를 찾아내어서 다시 해석하다보면 아름다운 결론으로 이어진다.

ⓒ 글을 쓰는 일은 자기의 수련과정이다. 영적차원으로 불리는 언어와 물질차원의 호르몬 조각들이 잘 연합되면 나타나는 기술이 바로 연금술이다.

ⓓ 흩어져서 엉클어진 생각들을 언어로 다듬어주기 위한 훈련이 연금술인데, 언어에는 이중성이 있기 때문에 훈련이 필요하다.

ⓔ 언어의 이중성이란 한 가지 사실을 가지고 두 가지의 해석이 가능하다는 이론이다. 즉 사람이 사람을 죽였다고 치자. 똑같은 한 가지 사실이지만, 그 상황 자체에 따라 해석은

달리 나타나게 된다. 그냥 사적인 이유이거나 아무런 사연
도 없이 사람을 죽이게 되면, 살인자가 된다. 그러나 전쟁
에서 국가를 위해 적을 죽였다면 애국자나 영웅이 되면서
상까지 받게 된다.

ⓕ 이런 식으로 같은 일을 저질렀어도 그 상황에 따라 해석이
달리 나타나는 것은 언어의 이중성 때문인데, 이로 인해 어
떤 때는 마음에 걸리다가도 이런 상황을 대입하면 마음이
후련해지기도 한다.

ⓑ 책의 목적은 독자들의 생각 바꾸기에 있다. 이런 저런 처지
들을 다 동원시켜서 감동을 줌으로써 마음의 변화를 일으켜야 되
기 때문에 문학은 계몽하는 일이다.

ⓐ 소설은, 주인공을 통해 나의 이야기를 쓰는 일이다. 정보
를 알리되, 독자 마음에 들어야 하므로 이야기는 언제나 생
동감 있도록 끌어나가야 독자의 마음도 움직여진다. 따라
서 세상에 나도는 흔한 이야기는 썩은 나무와 같은데, 썩은
나무로는 조각을 할 수 없다. 그러니까 가장 어려운 문제의
충격적인 사건을 골라서 쉽게 풀어서 쓰면 되는데, 정보는
새것일수록 좋다. 말도 안 되는 이야기일지라도 끝까지 말
이 된다고 우기면서 이해시켜야 한다.

ⓑ 제목은 주제의 집약이기 때문에 소설 전체의 분위기를 상
징하는 언어를 선택해야 하고, 소설의 도입부는 소설사에
영원히 남을 만한 첫 문장을 쓰는 게 매우 중요하다. 이것
들은 작가의 고백이기 때문에 대체된 주인공의 어투를 사
용해야 하며 공포 속에서 생겨나는 부질없는 불안감이라든
지 사소한 실망감을 가지고 우주를 향한 상상으로 무의식

을 현미경으로 살펴서 써야 된다. 따라서 발단에서는 왜 그래야 하는지에 대한 결론부터 정하고 이율배반적인 양극의 대칭관계를 설정해야 된다.

ⓒ 배경은 무조건 아름다워야 한다. 아름다운 배경 속에서 사건은 흉할수록 더 재미가 있다. 이런 대비를 활용해서 공포 분위기를 조성하게 되는 사건은 공감대형성과 문제해결에 쾌감을 일으킬 수 있다. 시대의 아픔을 깔고 인간을 그리되 앙상한 뼈 위에 아름다운 문체로서의 재미를 가미시켜 작품 속에 녹여 넣어라.

ⓓ 주제에 따라 이야기의 내용을 작성해 나가는데, 주제란 무슨 말이 하고 싶은지에 대한 의도를 나타내야 된다. 이때의 주제는 독자호응도에 맞아야 하며 소재는 신선할수록 효용성도 높다. 이야기의 내용은 가장 쓰고 싶은 순간의 이야기를 쓰는데, 감정이입은 가장 중요하다. 그때 무슨 일이 있었어? 라는 상황자체의 사건에 대한 이야기를 정서의 응집력에 따라서 쓰되 말이 되도록 연결 지어져야 된다. 스토리텔러란 이야기꾼인데, 특히 시나리오작가가 주는 감동은 곧 돈으로 환산되기 때문에 사건선택에 유의해야 한다.

ⓔ 구성은 왜 꼭 그런 식으로 썼어? 왜 꼭 그래야만 되었지? 라는 식으로 숨겨진 비밀을 밝혀내려면 소설의 구성은 설득력이 있도록 탄탄한 스토리로 짜여야 된다. 건물을 지을 때 기초공사가 탄탄해야 단단하면서도 좋은 집이 되는 것처럼, 소설도 큰 주제에 따른 개요가 탄탄해야 독자는 감동을 받게 된다. 세상에 떠도는 이야기들은 입에서 나오는 대로 떠들어도 되지만, 소설의 구성은 재미있는 흥밋거리를 먼저 생각해야 된다. 역사의 증인으로 바깥세상이야기를

친구에게 들려주는 것처럼 간결하게 구성되어져야 한다. 여러 곳을 다닐 생각은 하지 말고 오로지 한 우물만 파면서 깊은 곳까지 들어가 그 안에서 재미를 발견하면 된다. 이런 사항을 염두에 두고 기승전결로 배치해라.

ⓕ 묘사문장은 정밀해야 된다. 비언어적인 문장이기 때문에 정지된 시각 속에서 올라갔다 내려왔다 옆으로 갔다 제자리로 돌아왔다 하는 식의 반복을 고수해야 되는데, 이를테면 사건은 하나일지라도 진술은 많은 것이 좋다. 구어체인지 문어체인지를 알기 위해서는 발음이나 억양은 매우 중요하고 용어의 변천사도 알아두면 좋다. 등장인물의 갈등에서 선인과 악인이 맞서서 싸우도록 해주는데, 이때 하소연은 하지 말고 서로 다른 이들이 하고 싶은 말들만 골라서 대신 써줘야 하는데, 이때는 남들의 실수를 적는 것이 좋다. 각 국가의 언어관습의 법칙들까지 익혀서 개념들을 확실히 익혀놓으면 더 좋고, 감정표현의 말씨는 어투에서 심정이 나타내져야 하고 얼굴표정에서는 근육의 움직임까지 알아내야 한다. 문장 하나하나에서 매력이 묻어나기 때문에 아름다운 문체는 여러 가지 다양한 형식이 겹쳐있는 동시에 숨은 전통까지 강화시켜줄 수 있는 도구가 된다. 따라서 독특한 문체의 사용은 소설가의 특허권이기 때문에 나만의 문체를 찾아서 써야 되는데, 음악적인 흐름을 사용하되 고풍스럽지만 간단하면서도 흔한 표현을 적절하게 배치하면 그 진가가 높아진다. 그리하여 투박해도 지루함은 없어야 되고 비슷한 역할일지라도 독특하게 비틀어서 쓰면 더 재미가 있다. 낭독을 하게 될 때를 생각해서 독자가 행복해 할 말들을 선택해서 쓰되, 인간의 탄생 질서를 깨지

않는 범위 내에서 써야 한다. 남들의 문제를 가지고 재 문체화 함으로써 자신의 것을 골라내는 기술을 익혀야 된다. 문체는 육체라는 그릇 속에 영감을 채워주는 일이기 때문에 세밀하도록 생동감 있는 정확한 문장이라야 한다. 따라서 문체는 다양한 방법을 사용해서 단조롭거나 지루하지 않게 해야 되고, 관찰한 기록은 적재적소에 배치해야 한다.

ⓖ 이때 반대성격의 인물등장은 필수다. 전개에서 지독한 악인을 등장시켜 주인공을 괴롭혀대는 갈등으로 전개되어져야 하는데, 무엇과 무엇을 비교하는 매치는 더 중요하다. 아울러 그렇다는 이야기와 아니라는 이야기가 열나도록 거듭되는 반전으로 이어져야 스릴도 있고 신선해 보인다. 통쾌한 반전을 주려면 외부지배에 대한 비슷한 제도의 개혁도 첨가시키면 좋다. 속담에 이런 말이 있다. 〈말 한 마디로 천량의 빚도 갚을 수 있다.〉 인간은 감정의 동물이기 때문에 들려온 말에 따라 죽기도 하고 살기도 하게 되어있다. 그러므로 어떤 말이 상대의 기분을 좋게 만드는 말이고 또 어떤 말이 상대의 기분을 나쁘게 하는지도 구분할 줄 알아야 된다. 그러려면 언어분별력을 키우기 위해 많은 책을 읽어야 된다.

ⓗ 마지막으로 절망이라는 나무 끝에 매달린 희망의 열매를 맺기 위해서는 상상훈련을 하는 것이 좋다. 상상훈련은 곧 호르몬 유동의 훈련법인데, 상상훈련은 집중력을 강화시켜준다. 그런 다음에 이랬다는 형식으로 끝을 맺으면 되는데, 결말에서 끝처리는 간단명료하면서 진부하지 않아야 되며, 끝에 가서는 뭔가 배웠다는 즐거운 여운이 남겨져야 되기 때문에 다시 한 번 살펴본다.

- 도입부는 강하면서 재미있는가?
- 원고지 10장 이내에 흥미요소가 들어있는가?
- 숨 막히는 장면이 거듭되면서 템포는 빠른가?
- 다시 보고 싶을 정도의 여운은 있는가?
- 전체의 구성은 완벽한가?
- 전개는 자연스러운가?

ⓒ 주인공이라는 인물의 선택에서 작가는 소설이라는 형식을 통해 자기의 이야기를 하는 사람이므로 주변에서 일어날 법한 이야기를 택해서 앞날의 예측 가능한 새로운 사실들을 기록하면 된다. 그렇게 하려면 세상에서 가장 불행하다고 여겨지는 사람을 주인공으로 선택하면 좋은데, 유명한 작가들이 채택한 주인공은 다음과 같은 부류들이 있다.

ⓐ 윌리암 셰익스피어(1564~1616) 희곡의 주인공은 중세 봉건국가체계의 속박에서 벗어나려는 근대국가 이전의 인물을 상세히 묘사하였다.

- 〈맥베스의 비극〉에서 전쟁에 승리하고 귀향하는 장군 맥베스는, 자기의 소원이던 예언에 따라 왕과 공범자들을 모두 죽인 후 자신이 왕위에 오르려 한다. 그러는 순간에 망령들의 속삭임들을 듣게 되는데, 그는 아라비아에 있는 모든 향수들을 다 가져다가 귀에 뿌려 씻어낸다 해도 피의 냄새는 씻기지 않았다라고 독백한다.

- 〈베니스의 상인〉은 무역상 안토니오가 구두쇠유대인고리대금업자 샬록에게 자기의 살 1파운드를 저당 잡히고 돈을 빌려서 장사 길에 나선다. 그러나 무역선은 난파되면서 빚을 갚지 못하게 되자 국가재판에 서게 된다. 이때 안

토니오가 말한다. "내 살 1파운드를 갚되, 피 한 방울이라도 흘리게 하면 베니스의 법에 따라 국가에서는 재산을 몰수해야 한다."는 말에 샬록은 그냥 망신만 당하고 만다는 내용이다.

- 〈햄릿〉은 덴마크의 왕자를 다룬 비극인데, 왕자 햄릿은 그의 고귀한 지위에도 불구하고 너무나도 우유부단해서 자신의 권리도 제대로 행사하지 못하다가 파멸의 길로 가게 되는 과정을 그렸다. 논쟁의 초점은 망설임인데, 정상적이던 그가 정신의 질서를 잡지 못하자 차츰 신경증환자로 변모되었다가 우울증환자로 되어가는 과정을 그렸다.
- 〈로미오와 줄리엣〉은 미움을 이기는 것은 사랑뿐이라는 것을 역설적으로 그렸다.
- 〈한여름 밤의 꿈〉은 최고의 낭만희극이다. 4개의 줄거리가 다섯 토막으로 전개되는데, 하나의 줄거리 속에 3개의 줄거리가 서로 교차되면서 이야기는 전개된다. 즉 아테네의 공작 티어시스요와 히플리서의 결혼식이 나흘 전부터 궁전에서 벌어지는데, 이들의 공통주제는 착오였다. 공상세계와 현실세계가 교차되었다가 융합되는 과정에서 현실과 상상이 모두 포함되어있다.

ⓑ 레프 톨스토이(1828~1910)의 〈안나 카레니아〉가 고전이 된 까닭은? 인간이 가진 갖가지의 모습들이 가감 없도록 드러나져 있기 때문이다. 이 소설에는 19세기에 몰락해가는 제정러시아 귀족들의 삶을 적나라하게 묘사했는데, 행복한 가정이란 모두 비슷한 이유의 사랑을 이상적으로 여긴다. 그러나 불행한 가정은 저 마다의 이유로 불행하다고 여기기 때문이라는 것이다. 주인공 레빈은 단점을 찾기 보

다는 누군가의 장점을 발견하려고 애쓰는 사람인데, 결국 사랑 속에선 마음의 평화는 찾을 수 없다는 내용의 이야기이다.

ⓒ 위의 작품에 나오는 사람들은 모두 입체적인 캐릭터들로, 인물의 성격은 모두 대화를 통해 드러난다. 누구든지 공감될 수 있는 사람을 택해서 문제의식이 있는 인물로 만들기 위하여 대사의 옷을 입히되, 무릎을 칠 수 있도록 한마디 한마디에 공감대를 형성시켜줘야 한다.

ⓓ 소설·드라마·영화의 스토리에서 주인공의 삶이 자신과 같다면, 사람은 동류의식을 느끼게 됨에서 위로를 받게 된다. 아울러 〈나보다 더 힘든 사람도 많구나.〉하는 생각이 들면 치유도 일어난다.

② 연금술

ⓐ 한 생명이 태어나서 세상의 모든 역경을 헤쳐 나가려면 쉬운 일은 하나도 없다. 그처럼 작품의 성공도 마찬가지이므로, 수십 번에 걸쳐서 다듬고 또 다듬어 고쳐서 써야 된다.

- 시인 윤동주는 한 단어를 만들기 위해 여러 날을 골똘히 생각했고,
- 소설가 헤밍웨이는 한 문장을 쓰기 위해 오십 번 이상을 고쳐서 썼다.
- 천지의 창조자이신 하나님은 성경 속의 한 문구를 만들기 위해 백년의 세월을 보내기도 하였다.

(b) 이렇게 하는 데는 다 이유가 있다. 인간은 가능한 한 많은 신경회로의 조직들이 만들어져야 똑똑한 사람이 될 수 있는데, 그러려면 뇌량을 활성화 시켜줘야 한다. 뇌량을 활성화시키려면 각종의 소리들을 자꾸만 들려줘서 우뇌를 자극시켜야 되는데, 왜냐하면 외부에서 가해지는 소리들의 자극정도에 따라 뇌량은 활성화되면서 신경의 굵기도 차츰 굵어지기 때문이다.

(c) 인간에게 기쁨이나 행복은 저절로 생기는 것은 절대로 아니다. 무엇과 싸워 이긴 다음에야 성취되어지는 감정이기 때문에 싸우기가 싫다면 그 인생은 실패한 인생이 되고 만다. 나방이 고치를 뚫고 나올 때 스스로의 힘으로 나와야 날개는 튼튼해서 세상을 잘 날 수 있다. 그런데 이를 안타깝게 여긴 누군가가 애처롭다 생각되어 고치를 인위적으로 뜯어주면, 거기서 나온 나비는 영원히 날 수 없게 될 것이다. 이처럼 인간도 마찬가지다. 자기의 일은 스스로 하는 습관들이 곧 자기를 살리는 길이란 걸 잊으면 안 된다. 뇌량의 신경줄들이 굵으면 굵을수록 바꿔치기의 기술인 환유법칙이 잘 이루어진다. 여기서 환유의 법칙이란, 감정을 언어로 변환시키는 기술을 의미한다. 특히 만 5세부터 9세까지의 아동기에는 뇌량이 가장 많이 활성화되는 시기여서 이때 소리를 내어서 책을 읽어주거나 피아노나 다른 여러 가지 악기들을 연주하면서 노래를 불러주면 뇌량은 더 활성화되면서 문법은 자동적으로 정리되어 나가게 된다. 아울러 하루에 7~8시간 정도 푹 자고, 30분 이상 햇빛을 받으며 운동해도 뇌량은 활성화 된다.

(d) 어느 날 카톡이 날아왔다. 〈노래가 좋아〉라는 프로에 출전했던 불과 일곱 살밖에 안 된 여자아이였는데, 가수 장윤정이 노

래를 부르는 것처럼 똑같이 부르는 영상이었다. 영상은 안 보고 멀리서 소리만 들으면 장윤정일 것이라며 착각할 정도인지라 장윤정도 보고 놀란다.

〈어머나, 어머나.〉

(e) 열네 살의 트롯가수 정동원은 음악적 재질이 너무 풍부했으므로 가수 남진이 물었다.

〈넌 누구로부터 교육을 받았니?〉

동원이 대답했다.

〈유튜브요.〉

그 말에 남진이 감탄을 한다.

〈유튜브로 따라했을 뿐인데 어쩌면 음정·박자·발음·몸짓 등이 제대로 배운 사람 같아요.〉

(f) 이렇게 남이 하는 것들을 따라 하는 것만으로도 교육은 성사된다. 그런데 이 과정에서 어느 하나가 결여되면 품격 있는 정제된 언어는 사용하지 못하게 된다. 왜냐하면 인격의 완성은 언어에 의하고, 인격자란 품격 있는 언어를 사용하는 자를 일컫기 때문이다.

(g) 아름다우면서도 성공한 인생이 되려면, 어투가 결정적인 작용을 한다. 왜냐하면 사람은 은연중에 마음에 들어있는 말들을 쏟아내게 되고, 무의식적으로 쏟아지는 언어포착은 상담에서 매우 중요한 역할을 하고 방향까지도 제시해 주는 데 큰 도움이 되기 때문이다. 이리하여 건전한 인격이란 면역체계의 정상에서 이루어진 올바른 가치관의 형성인데, 참 인격자의 롤모델은 불우

한 환경 속에서도 꿋꿋하게 버티면서 성공을 이룬 사람을 일컫게
된다.

ⓗ 똑같은 상황일지라도 어떤 사람은 큰 영향을 받고 또 어떤
사람은 전혀 영향을 받지 않는데, 영향을 받는 사람은 신체가 허
약하기 때문이다. 왜냐하면 인간이 혼란에 빠지는 것은 객관적인
사실 때문이 아니고 그 사실에 대한 자신의 바라보는 관점 탓이
어서 그렇다. 따라서 언어표현력의 부족은 여러 가지 면에서 볼
때 사회생활에 많은 걸림돌로 작용을 하게 되므로 만일 지금까지
잘못 살아왔다는 생각이 든다면 생각부터 바꿔야 된다. 생각의
방식을 바꾸면 유전자지도까지 바꿔진다.

ⓐ 독일의 물리학자 앨버트 아인슈타인(1879~1955)은 이렇게
   말하였다. "같은 행동을 반복하면서 다른 결과를 기대하는
   것처럼 어리석은 일은 없다."

ⓑ 그러나 어려서 이미 잘못 길들여진 나쁜 습관을 바꾸는 일
   은 그리 쉽지는 않다. 습관을 바꾸려면 아마도 백 일 정도
   의 연습은 필수일 것이다. 이렇게 해서라도 자신의 행동을
   바꾸고 싶다면 생각부터 바꿔야 하고, 생각을 바꾸려면 말
   솜씨부터 바꿔야 된다. 왜냐하면 언어가 인생을 끌고 가기
   때문이다. 그런데 말솜씨를 바꾸려면 연금술부터 배우고
   익혀야 된다.

ⓒ 뇌의 연료는 당분과 산소다. 뇌는 하루에 우리 몸속 산소의
   20%를 사용하고, 500kcal의 영양분을 소비시키는 대식가
   다. 그럼에도 불구하고 뇌는 연료를 비축해두지 않고 그날,
   그날 육체로부터 공급을 받는다. 이때 뇌의 특정부분에 혈
   액공급이 중단되면 뇌졸중이 되면서 쓰러지고 만다.

ⓓ 물을 공기에 놔두면 산소와 수소로 분해되는데, 이때 수소
는 공기 중에 떠돌고 있는 이산화탄소와 즉시 결합을 한다.
이것을 발효액이 든 탱크 속에 넣으면 미생물의 먹이로 쓰
이는 발효산물이 나오는데, 이 발효산물을 건조시키면 밀
가루형태의 매우 작은 무더기단백질이 남는다. 이것이 생
명세포단백질인데, 펩타이트 100개 이상의 아미노산으로
이루어진 큰 분자다. 가늘고 긴 실 같은 사슬의 섬유질로,
모양은 작은 조약돌 한 줌을 집어서 접착제로 뭉쳐놓은 형
태와 비슷하며 혹이 많은 구슬로 이어진 줄처럼 생겼다. 이
들은 적은 숫자의 원자들을 포함하고 있으면서 표면은 울
퉁불퉁하지만, 인근세포와 연결이 되면 이온화가 이루어지
면서 신호분자 호르몬이 생겨나서 흐르게 된다. 이것을 우
리는 신경세포라고 부르는데, 이들이 단단히 굳어지면 기
억세포가 된다.

ⓔ 마늘주를 담갔다. 마늘과 소주를 1:1의 비율로 해서 화장
품용으로 썼다. 마늘주가 담겨있던 빈병을 비누로 닦아내
고 또 닦아냈지만, 마늘냄새는 절대로 가셔지지 않는다. 아
주 오래도록 남아있어서 다른 용도로는 쓸 수가 없게 되었
다. 우리의 기억도 이 마늘과 같은 성질의 것이 아닐까?

(i) 우리가 무심코 행한 편식이나 운동부족은 영향상태의 불균
형을 가져오도록 하면서 간에 열이 쌓이도록 한다. 간의 열은 화
가 나도록 부추기는 물질들인데, 화를 푸는 방법은 이러하다.

ⓐ 자기 안에 들어있는 사탄이란 바로 미워하는 감정의 이름
이다. 우리의 고전 성경에서는 나쁜 영의 우두머리라고 부
르는데, 열등감에서 태어난 마음이다.

ⓑ 간의 열은 가슴에 불만의 요소들로 작용하는데, 불만의 요소들인 화근덩어리가 가슴에 남아있다면 무슨 일을 해도 능률은 오르지 않는다.

ⓒ 그러기 때문에 불평이나 불만 또는 미움의 요소들을 제거시켜 줘야 되는데, 호소문제의 원인을 찾아 원인제거를 해주면 마음이 후련해지면서 병에서 놓여난다.

ⓓ 사소한 것은 그냥 흘려버려라. 위로의 말을 들으면 위축되었던 심장이 이완되면서 응어리는 풀려지지만, 만일에 그럴만한 사람이 옆에 없다면 어쩔 수 없다. 화가 날 때는 다른 사람은 이럴 때 어떻게 할까 부터 생각해라. 생각을 하다보면 성격은 수정될 수 있는데, 이에서 시간은 약이란 말도 나왔다. 아울러 좋은 글을 읽거나 삶의 해학에서 따뜻한 이야기 또는 가슴으로 부르는 노래는 우리에게 위안을 주기 때문에 이런 것들에서 치유가 일어난다.

(j) 생각이란 게 없어서 아무 것도 모르는 사람이라면, 아프지도 않을 것이다. 치매환자의 경우, 생각을 하도록 만드는 호르몬이 부족해서 발생되는 병인데, 이런 사람은 아픈 것도 모른다. 고통을 안다는 것은 뇌세포들이 살아있다는 증거이기 때문에 아프다는 것 자체에서도 감사할 줄 알아야 된다. 감사하는 마음에서 엔돌핀이나 다이돌핀은 만들어지기 때문이다.

(k) 상황을 바꿀 수 없다면 인내해야 되고, 인내를 하다보면 상황이 주는 가치도 인정하게 된다. 이 상황은 얼마나 중요한가? 분노할 가치는 있는가? 생각을 하다보면 화는 누그러질 것이다.

ⓚ 상상훈련법

　　ⓐ 기분의 안정을 위해 평안하고 안정된 장소에서 편한 자세
　　　로 눕거나 앉아서 눈을 감는다.

　　ⓑ 2~3초 동안 심호흡을 3회 하는데, 숨을 들이쉬고 1,000에
　　　서 10,000까지 세고, 다시 내 쉰 다음에 거꾸로 세어 나가
　　　라. 이런 식으로 하다보면 잡념은 사라진다.

　　ⓒ 구름을 타고 하늘로 올라가는 상상을 5분간 지속해라. 그
　　　런 다음에,

　　ⓓ 힘이 센 상어에게 쫓기는 상상을 5분간 지속해라. 무서운
　　　상상은 노르아드레날린을 분비케 하는데, 이런 독소에는
　　　확산능력이 있다.

　　ⓔ 좋았던 일을 떠올려본다. 상상력은 각기 다른 체험의 성질
　　　들이 있기 때문에 각기 달리 해석된다.

⑴ 결과적으로 자기 스스로가 변하지 않으면 고난은 계속되기
마련인데, 그것은 자연의 질서와 자신의 생각이 달라서 생겨나는
고통이다. 자기 스스로의 잘못된 습관을 고치기 위해 고난이 오
는 것이기 때문에 인생길은 결국 자신과의 싸움이고 극복해나가
야 될 문제다. 따라서 사회에 잘 적응하려면 새로운 생각을 가져
야 하고, 각성하는 마음은 필수다. 그리하여 새로운 정보에 대한
기억훈련은,

　　ⓐ 세 번 읽은 다음, 내용을 파악한다.

　　ⓑ 저자의 의도를 알아낸다.

　　ⓒ 발견한 것을 마음에 새긴다.

　　ⓓ 깨달은 것이 마음에 새겨지면 삶에는 변화가 따른다.

ⓜ 이상의 연금술로 자기 개발에 힘쓰자.

③ 문학적 방법의 글쓰기

(a) 모니터

A4용지 한 장 이내의 분량 속에 문제점을 위주로 적는 글인데, 간단명료하면서도 굵고 짧게 쓴 글을 일컫는다. 자막의 오류·말투·시대상·사회상의 어색한 부분들까지 가려내면서 좋은 점을 적는다.

(b) 패러디

문학의 한 형식인데, 유명한 작가의 시구나 문체를 모방해서 풍자적으로 꾸민 익살극을 일컫는다.

(c) 콩트

사실적이기보다는 기상천외한 발상의 바탕 위에서 재치와 기지를 주로 한 기법의 소설인데, 짧은 것이 특징이다.

(d) 범죄심리극

비정한 이야기·미제사건·완전범죄에 대한 증거우선의 사건·특정직업의 비리·인간관계의 극단적 부정·명예훼손·청소년의 비행·폭력·농촌문제·가난에 찌든 삶의 문제 등의 소재를 다루는데, 추리소설에는 형사가 등장하면 안 된다.

(e) 형사 25시

형사 25시는 형사와 범인과의 지능싸움이야기다. 이때는 형사에 치중하지 말고 범인에게만 신경을 써야 한다.

(f) 다큐멘터리

살아있는 오늘의 이야기를 다룬다. 취재를 원칙으로 하는데, 사회의 병폐나 알려지지 않은 주변의 이야기들로, 단돈 10원 때문에 싸운 이야기 등으로 사회의 역사에서 미래를 심어줘야 한다.

(g) 트리트먼트 형식

시놉시스에서 발전된 이야기덩어리인 시퀀스로 구분되어진 산문을 일컫는데, 장편의 시나리오 본편과 같다. 구체적인 스토리로, 사건의 흐름만 적으면 된다.

ⓐ 작품명과 작품의 개요인데, 대강의 요점으로 사건을 설명한다. 어떤 장르인가? 사업의 희망분야는 어떤 것인가를 명시해야 된다.

ⓑ 줄거리 = 3쪽 정도

ⓒ 스토리본문 = 50쪽 내외(±5쪽)로, 산문형식이기 때문에 기승전결이 필요하다.

(h) 스릴 맛보기의 공포물

현실을 떠나 상상의 세계에서 한 시간 정도 악령에게 쫓기는 체험은 쾌감을 맛보기 위해 필요하다. 번지점프를 타는 것과 같은 이치인데, 마음에 충격을 주는 글이기 때문에 도끼와 같은 역할을 한다. 충격적 도끼는 우리 안에 멍들어 있던 부분을 깨는 도구인데, 이런 방법들이 카타르시스를 느끼게 만든다. 카타르시스를 느끼게 되면 우리 몸에서는 엔돌핀이나 다이돌핀들이 생산되어 치유역할을 해준다. 사람은 성공을 하면 아픔도 사라지는데, 아직까지 아픈 것은 성공을 하지 못한 탓이다. 그러므로 스릴 있는 영화나 드라마에서 주인공으로 하여금 대신 싸우게 한 뒤에 주인공이 이기면 대체효과가 나타나서 스트레스는 해소된다.

(i) 몽타주 기법

언제 어디서든 무엇이나 퍼오고 덧붙이는 기법의 소설을 일컫는다.

(j) 소설의 종류에는 다음과 같은 것들이 있다.
  ⓐ 엽편소설

원고지 30장 내외의 짧은 소설을 가리킨다.
  ⓑ 단편소설

간결하면서도 단순한 구성과 정확한 문장은 기본이다. 독특한 문체의 개별사로 관계성에 대한 이야기를 적는데, 이때는 가치가 있다고 생각되는 이야기들만을 골라서 문제를 풀어나가야 한다. 대사는 독자에게 공감을 불러내어서 무릎을 치도록 만드는 단어를 선택해야 되고 지문은 인생의 진지한 성찰을 담아 교묘하면서도 신비롭게 써야 한다.
  ⓒ 중편소설

주로 심리묘사를 사용하는데, 시대의 기록 위에 인간의 내면을 그리는 심리중심의 소설이다.
  ⓓ 장편소설

한 사람의 일생 또는 국가의 일생을 물이 흐르듯 자연스럽게 써내려간다.

ⓔ 연재소설

　한회 한회가 영화의 장면처럼 영상이 흐르듯 흘러가게
쓴다.

ⓕ 사소설

　길이가 길어도 개인의 이야기이면 사소설이라고 부른다.

ⓖ 대하소설

　길이가 자꾸 계속되어져가는 이야기인데, 등장인물이 많
기 때문에 누가 누구인지 분간이 어렵게 꾸며진 소설을 일
컫는다.

ⓗ 서유럽스타일의 소설

　인간들 사이에서 일어나는 사건을 그 기반에 두고 썼다.

ⓘ 러시아스타일의 소설

　인간 자체에 초점을 맞추고 그 삶의 방식인 영혼을 탐구
하려 했다.

상담과 문학치료

김순녀 지음

발 행 처 · 도서출판 청어
발 행 인 · 이영철
영   업 · 이동호
홍   보 · 천성래
기   획 · 남기환
편   집 · 방세화
디 자 인 · 이수빈 | 김영은
제작이사 · 공병한
인   쇄 · 두리터

등   록 · 1999년 5월 3일
(제321-3210000251001999000063호)

1판 1쇄 발행 · 2021년 1월 20일

주   소 · 서울특별시 서초구 남부순환로 364길 8-15 동일빌딩 2층
대표전화 · 02-586-0477
팩시밀리 · 0303-0942-0478

홈페이지 · www.chungeobook.com
E-mail · ppi20@hanmail.net
I S B N · 979-11-5860-921-4(13180)

이 도서의 국립중앙도서관 출판시도서목록(CIP)은 서지정보유통지원시스템 홈페이지
(http://seoji.nl.go.kr)와 국가자료공동목록시스템(http://www.nl.go.kr/kolisnet)에서 이용
하실 수 있습니다.(CIP제어번호: CIP2020054666)